子 晨 / 编著

致青春期女孩

心理篇

北京理工大学出版社
BEIJING INSTITUTE OF TECHNOLOGY PRESS

版权专有　侵权必究

图书在版编目（CIP）数据

致青春期女孩. 心理篇 / 子晨编著. —北京：北京理工大学出版社，2016.2（2023.7重印）
ISBN 978 – 7 – 5682 – 1506 – 0

Ⅰ.①致… Ⅱ.①子… Ⅲ.①女性 – 青春期 – 心理健康 – 健康教育 Ⅳ.①G479

中国版本图书馆CIP数据核字（2015）第274033号

出版发行 / 北京理工大学出版社有限责任公司
社　　址 / 北京市海淀区中关村南大街5号
邮　　编 / 100081
电　　话 /（010）68914775（总编室）
　　　　　（010）82562903（教材售后服务热线）
　　　　　（010）68944723（其他图书服务热线）
网　　址 / http://www.bitpress.com.cn
经　　销 / 全国各地新华书店
印　　刷 / 三河市华骏印务包装有限公司
开　　本 / 710毫米 × 1000毫米　1 / 16
印　　张 / 16.75　　　　　　　　　　　　责任编辑 / 王俊洁
字　　数 / 170千字　　　　　　　　　　　　文案编辑 / 王俊洁
版　　次 / 2016年2月第1版　2023年7月第21次印刷　责任校对 / 周瑞红
定　　价 / 32.00元　　　　　　　　　　　　责任印制 / 马振武

图书出现印装质量问题，请拨打售后服务热线，本社负责调换

目 录
contents

第一章　说起学习我就烦心

因为青春，学习才更重要　**2**

5　不想学习是病，得治

当班长会不会影响学习　**9**

12　女孩能不能学好理科？

青春期，知识比成绩更重要　**16**

19　青春能"放肆"，上课不能"放肆"

为考试焦虑有用吗？　**22**

25　考砸了以后……

第二章 谁的青春不迷茫

因为青春,大声说"我行" 30

温柔比粗暴更有力量,女孩要会用温柔 33

哪里有绝对的公平?强大自我,争取公平 37

因为年轻,不要在意别人怎么说 40

我年轻,我该怎样追星? 43

勇敢地拒绝胜过沉默 47

对自己好点儿 50

青春不需要完美,我也一样 55

致青春期女孩:
心理篇

第三章 开在青春期的友谊之花

没有"闺蜜"怎么办? 60

被同学排挤怎么办? 64

和好朋友吵架了以后怎么办? 67

与好朋友分手,很伤心,怎么办? 70

不喜欢现在的同桌怎么办? 74

不得不和好朋友竞争怎么办? 77

不适应群体生活怎么办? 80

怎样和"刺头"同学交往? 83

和同学玩恶作剧要注意什么？ 86

第四章　爸爸妈妈，请听听我的心里话

92　我青春叛逆，不是胡搅蛮缠

为什么青春期会"逆反"？ 95

98　我长大了，不要对我大喊大叫

我应该有独立的想法了 100

102　我不想被唠叨

我和父母之间多些耐心就好了 104

107　爸妈总是因为我吵架，怎么办？

第五章　躁动的青春，阴晴不定的我

青春期的心总是躁动难安 110

113　在外面受了委屈该怎么办？

我总是不高兴 116

121　青春期的左右为难"怎么破"？

我总是犹豫不决，担心错过 124

128　时时困扰我的忧虑

遇到困难以后不能退缩 131

135 我总有很多想要的东西

我一定能控制好情绪 139

第六章 青春期，这样调整心态

144 懂得感恩

别和自己过不去 147

150 青春期，要学会品尝痛苦

不纠缠不抱怨 152

156 不放过一个坏习惯

喜欢做的事要多做 160

163 享受独处的时光

包容能让我们拥有更多 167

第七章 青春期要战胜这些心理病

170 总是自卑

害怕孤独 173

175 一说话就脸红

太固执，就成了偏执 178

182 依赖别人，不独立

致青春期女孩：
心理篇

得意忘形和郁郁寡欢 185

188 太讲面子

看不了别人过得好 191

第八章 和男生之间的那点事儿

196 收到小纸条以后怎么处理

我偷偷地喜欢上他 199

201 喜欢上老师，是选择表白，还是逃避？

男生喜欢和什么样的女生一起玩儿 204

206 和男孩交往的尺度

女生真的不如男生吗？ 210

212 我该怎样跟男孩子相处？

和男生交往，我总是不自觉地恐惧 215

第九章 青春期，这些躲不开的烦恼

220 有同学在背后说我的坏话

被同学嘲笑 224

227 老师偷看我的手机

不小心顶撞了老师 230

234 不喜欢的老师讲课，就是听不进去
借出去的钱要不要？ 237
241 非常在意别人对自己的看法
被批评以后想不开 244
247 输了怎么办？
受到挫折之后 251
254 青春期的压力很大

致青春期女孩：
心理篇

第一章
说起学习我就烦心

青春期是长本领、长知识的年纪。对学习，很多同学都是心存恐惧的。其实，真的不必如此。只要我们把学习当成一项能增强我们功力的技能，对自己说："学习，多大点事儿！"学习就真的不是问题。

致青春期女孩：
心理篇

因为青春，学习才更重要

菲菲最近有点反常，自从上次考试没考好，菲菲就对学习不那么上心了。上课的时候也不那么积极回答问题了，对于不会的题，也就放过不写了，这让我觉得很诧异。

菲菲这是怎么了？

在体育课上，老师让我们自由活动，我拉住菲菲问她怎么了，怎么最近这么不好好学习。菲菲从包里拿出两块巧克力，我们俩一边吃，一边说了起来。

"熙熙，我原来觉得，学习好了能有很多好处，可是上次考砸了，我回家以后非常伤心，爸爸看见我的试卷并没有批评我，爸爸说，菲菲，考试没什么大不了的，就算你考不上大学，爸爸也能养活你。你看爸爸的公司那么大，爸爸当年学习也不好，现在不照样挺成功的吗？你看那好多硕士博士，都得给爸爸干活。菲菲，你只要快乐就行了。爸爸说完就给我拿了一盒巧克力，说这是从欧洲带回来的。从那以后,我就觉得,我努力考上大学了,以后也是去管理爸爸的公司,考不上又怎么样呢?我也一样去管理爸爸的公司啊,我自己能力不够,我可以聘请博士,请他们帮我管理啊。"

听完菲菲的话,我也不知道该怎样反驳她了。"学习到底有什么用呢?"这个问题在我的脑海里久久徘徊。

两个人的悄悄话:

"熙熙,学习不是为了别人,是为了自己,是为了充实自己。"

妈妈告诉我,问题的关键不在于读书有用没用,这是个不用讨论的问题。对于十几岁的孩子来说,我们必须读书,而且要有终身学习的想法。要知道,学习是一种信仰。因为读书本来就不是和钱直接挂钩的,我们当然也不能根据以后工作挣钱多少来判定现在读书是否有用。读书应该是培养一个人的知识储备、素质涵养、思考问题、解决问题的能力以及具备怎样的视野等综合素质的一个过程。我们每个人都有一个成长的过程,在成长的过程中,我们都要学习一定的基础知识和技能。只有当我们的知识储备和能力达到一定的水平后,我们的人生梦想才有可能实现。人的一生是分阶段的,到了什么阶段,就应该做什么事,而不能提前预支自己的能力。当然了,更不能停滞不前,故步自封。

有句古语叫"欲速则不达"。说的就是做事也好，为人也好，都要一步一个脚印，慢慢地来。我们现在正处在读书的阶段，以后走上社会，这样一心只读书的机会将会越来越显得弥足珍贵，所以，该好好学习的时候，为什么不好好学习呢？我们只有把握好今天，才能有更好的将来。何况，我们也只能活在当下。

青春期就是读书长本领的时候，女孩子要知道，黄金时期过去了，就没有了，在学习的时间就应该好好学习，以后才会不后悔。

一个女孩如果自己有了本事，那么她爸爸的公司好或者不好，她都能生存，如果一个女孩从一开始就依赖她爸爸的公司，那么以后，万一她爸爸的公司不好了，她又丧失了掌握生存本领最佳的读书学习期，到时候，她该怎么办呢？

是啊，妈妈的话让我陷入了沉思。一切都要靠自己，学习也是为了我自己。

不想学习是病，得治

不知道从什么时候开始，我觉得每天都只是在做一件事：学习，学习，还是学习。每天的生活也似乎变成了两点一线的简单重复：学校到家，家到学校。

在英语课上，形形打开英语教科书，老师开始讲一堆英语语法点，带读课文，然后做练习，再讲解；轮到数学课，打开数学教科书，老师又灌输一大堆数学公式，然后是似乎总不会完结的应用题，做题，再讲解；再到语文课，打开语文教科书，老师写了一堆不认识的汉字——我就不明白，为什么从小学学到现在，一直有不认识的字，怎么就学不完呢？然后讲解段落大意，揣测作者的写作意图，总结中心思想，布置作文，自己写⋯⋯

我感觉自己很像个重复作业的机器，不明白这样做有什么意义，也不知道这个机器的零件哪天就要坏掉，停止不走。真是讨厌这种没有目标、没有方向，不知所为的学习啊！更糟糕的是，之前一直制订的学习计划和目标一直完成不了。上次月考的成绩又出来了，我的名次不但没有提前，反而落后了。这可怎么办啊？

越来越不想学习了！

我怀疑是不是自己的智力比别人低？还是根本不适合学校的学习生活啊？

致青春期女孩：心理篇

两个人的悄悄话：

妈妈说"熙熙，你说的这个现象，在青春期的孩子中很常见，对此有个专门的名称：厌学。"妈妈的话让我吃了一惊，厌学，好像有点严重了……

妈妈说："厌学是个很普遍的现象，你用不着担心智力问题，因为厌学和智力水平是没有关系的。也就是说，熙熙，或者你们班的其他同学如果也出现了这种厌学的情绪，不是他们不聪明，不适合学校的学习；相反，如果能像你现在这样思考问题，反而证明了你的智力水平没有问题，因为你懂得了反思，懂得去思考学习的意义，只是因为一时没有找到答案而苦恼。妈妈说得对不对？

"厌学常常主要是由于非智力因素引起的，比如兴趣、动机、意志、情绪等心理方面的原因，还跟家庭、学校、社会都有一定的关系。熙熙，你就是因为对学习暂时缺乏动机和兴趣，不知道为什么要学而厌学。这是心理的原因，是内在原因。

"总的来说，厌学的原因有两类：内在原因和外在原因。内在原因常常是由于你们在学习过程中的消极情绪体验和自我认识存在偏差；而外在原因则往往是社会、学校、家庭等外部环境的不良影响。

"妈妈发现，无论是哪个年级的哪个班，班里都多多少少有一些厌学的学生。他们日常表现为对学习失去兴趣；不认真听课，不完成作业，怕考试；甚至恨书、恨老师、恨学校，旷课逃学；严重的，还发展到当老师在课堂上管教他时，他能公然地反抗，甚至辱骂、殴打老师。熙熙，除了对为什么要学习这个问题求而不解产生厌学外，有些人还因为自己制定的学习目标在短期内得不到实现，产生焦虑情绪，所以进一步加重了厌学的情绪。那么，又该怎样消除厌学情绪呢？

"首先，熙熙，你应该找到学习的乐趣。因为，假如学习是你的乐趣所在，那学习的意义就是乐趣。假如你认为它是负担，那它就变成负担。关键是你自己怎么认为的。学习相对游戏而言，确实是一件枯燥的事情，可是它绝不是你想象的那么枯燥。要知道，知识在于积累。正是因为我们在青少年时期有了对各科知识的踏实的日复一日的慢慢积累，才有我们日后对知识的应用和创新，才有可能成为对社会有用的人才，也才有可能实现自己的梦想。

"再说到你成绩不进反退的事情。你是订好了计划，可是有没有切实地按计划执行呢？就算你按计划执行，认为自己很努力了，可是排名还是在往后掉的话，你有没有想过，别人也许比你更努力；学习有时候会出现'高原效应'，也就是说，有一段时间，学习看上去进步很慢，甚至几乎停滞不前。处于'高原效应'的学生有的在很短的时间内，比如一两周，就能走出来，有的则要很长，甚至要一两年。这个视个人情况而定。不过你不要害怕，暂时性的退步，不代表什么，也不意味着你就进入可怕的一两年的'高原效应'了，更不能因此而产生厌学心理。

"你想想，反正也要学，怀着高兴的心情也是学，怀着厌恶的心情也是学，为什么不怀着高兴的心情学呢？而且心理学家也说了，怀着高兴的心情吃饭，有利于消化。连吃饭都是这样，学习就更是如此了。而且，就算出现了学习上的'高原效应'，只要调整计划，放松心情，然后切实地坚持计划，那么恭喜你，走出'高原效应'的时间不会很长，并且你一旦走出，成绩将会更上一个台阶！"

致青春期女孩：
心理篇

当班长会不会影响学习

新一届班干部就要举行改选了,我很想去参选班长。因为我一直觉得自己很优秀,学习成绩很好,而且一直以来在班上担任学习委员。现在我想担任一个更高的职务锻炼自己。

我为此开始做充分的准备,可是在参选的前一周,我又开始犹豫了,因为我知道班长需要做很多的事情。我们现在的班长最近的考试成绩明显下滑,这让我顾虑重重。

竞选大会马上就要到了,究竟要不要去切实履行这个从小开始就有的小小的梦想呢?我实在拿不定主意了,我找自己的好伙伴聊了两个小时,还是没能做出决定。

两个人的悄悄话：

"熙熙，这种想法不对。当班长就一定影响学习的推论就像当学生就一定会成绩好一样，是没有道理的。究竟会不会影响，那要看个人怎么处理。"妈妈的话让我稍稍安心了一些。

妈妈接着说："熙熙，你一定听过'凡事预则立，不预则废'的古训吧？现在你面临的问题其实只有两个难关需要解决：一是信心；二是计划。也就是我刚刚说的'预'。

"我们先说说信心。信心在做任何事情时都是十分重要的。人只有首先相信自己了，才能相信自己即将做的事会向成功的方向走，而不是相反。熙熙，你在这个时候犹豫不定，其实是缺乏自信的表现。你看现在的班长学习成绩下降了，就推断出自己也可能会像他一样影响到自己的成绩，这是你不自信的表现之一。别人做得不好，且不管是真是假，就算是真的，就能说明自己也将会做得不好吗？

"不单单是这样，你不是一直想着要做班长，想锻炼自己的管理能力和人际交往能力吗？既然是一个梦想，为什么走到眼前了，却没有胆量去面对它、实现它呢？

"一个人如果一直犹豫不决，就可能错失机会，如果迟迟不做出实际行动，就算她曾经想了许多，并且为之努力了许多，最后也是不能实现的。因为梦想不会眷顾怀疑自己、缺乏信心的人。

"当然，如果没有一个良好而切实可行的计划，新增加的任务无疑会影响你的学业。

"对于青春期的孩子们来说，难在坚持。因此，刚开始时，你一定要知道，万事开头难，起步阶段肯定会占用一定的学习时间和精力。但是如果你始终把学习放在第一位，给自己制订好切实可行的学习计划，然后雷打不动地坚持下去，该学习的时候学习，该处理学生工作的时候就认认真真处理事务，这样，就一定不会影响到学习。"

听了妈妈的话，我决定，无论如何，我也要试一试，如果能选上，我就会努力去做，也不会放弃我的学习。

致青春期女孩：心理篇

女孩能不能学好理科？

"学好数理化，走遍天下都不怕。"这句不知道是何时流传开来的俗语，一直流传着，也不知道要流传到何时。

可能由于这个原因，理科的实用性已经深入人心。

学校里也出现了文科生多是女生，理科生多是男生的现象。

不仅是这样，好像男生学理科真的要比女生容易而且学得好。于是大家又开始流传这样的话：男生比女生更能学好理科。

楠楠说："要面对文理科分班了，这下可怎么办啊？我一直很喜欢理科，可是听说女孩往往不容易学好理科。而我现在的文科成绩也不差。熙熙，你说我该怎么办？要不，抛硬币决定，好不好？"

对于楠楠，我太了解她了。从小学开始，楠楠的数学成绩就总是超过语文成绩。到了初中，她的数学成绩每次考试都是满分。后来学校陆续开了物理和化学，虽然这两科的成绩不如数学好，但是比起她自己的历史、政治什么的，那也是好很多了。比如，她的物理、化学可以打到80分以上，而历史、政治只能在50~60分徘徊。我曾经问过楠，为什么历史和政治成绩那么低，她不好意思地说："要记的东西好多啊，我太懒了，不想记。"

后来她克服了"懒"的畏难情绪，慢慢地，政治、历史也能拿七八十分了。现在的楠楠不再偏科了，而且通过自己的努力，她的理科成绩和文科成绩齐头并进，不相上下。有时，文科成绩甚至还比理科成绩要好。面对文理分科，楠楠感到很为难，不知道要选自己一直喜欢的理科，还是改选后来居上的文科。

我跟她说，选择自己喜欢的去学就好了，到底有什么好担心的？

而楠楠却答非所问地说："女孩会不会真的学不好理科？"

两个人的悄悄话：

我把这个问题抛给妈妈的时候，妈妈吓了一大跳。"这都什么年代了，还迷信女生学不好理科呢？那居里夫人怎么那么优秀呢？"

妈妈说："不存在女孩学不好理科的定理。如果有，也没有人能证明这个定理是个正确的定理。

"青春期的孩子，未来是未知的。而我们的人生会面对很多选择。中考的时候选择念什么高中，文理分班的时候选择文科还是理科，大学的时候选择在南方还是北方，工作的时候选择在公司上班还是自主创业……可以毫不夸张地说，人生有时候就是很多选择的组合体。

"而在你做出了种种选择之后，你再回过头来看，就可以发现，你和别人不同，往往仅仅是由这一个又一个的选择日积月累地表现出来的。而这些差别，都是由曾经的选择决定的。那些曾经的选择，最重要的是要看自己的兴趣，让我们觉得自己的努力是值得的，是在为自己喜欢的事而努力。现在，妈妈觉得自己很幸福，因为这是我一步一步选择的生活。

致青春期女孩：心理篇

"现在你面临的正是文理分科的选择，那么就要好好地思考一下自己以后想要做什么。妈妈记得你说过，你长大了想当一个像白求恩大夫一样的能救死扶伤的医生。在中国，想成为一名医生，可以学中医，也可以学西医。如果是中医，那文理学生都可以报考；如果是西医，那只有理科学生可以报考了。所以，妈妈想要知道的是，你是不是还要坚持这个梦想。如果你还在坚持，就应该毫不犹豫地选择自己一直喜欢的理科。不要怀疑女生学不好理科，学好理科的女生太多了。而且科学研究表明，性别对文理科学习的影响几乎是可以不计的。

"社会上会出现在理科方面男生普遍比女生优秀的现象，在很大程度上是因为男生学理科的人数比女生多。学的人多了，自然出色的人也多。就像一些偏文科的大学或学院，由于女生多，美女自然也多，一样的道理。

"既然你一直很喜欢理科,又励志要成为一名优秀的西医,这是很好的人生梦想。有梦想,就要去追求;选择了,就要坚持走下去。"

是啊,我都知道自己想要什么了,为什么还要在乎半路上的沟沟坎坎呢?照着自己的目标,努力前进就是了。

致青春期女孩：
心理篇

青春期，知识比成绩更重要

我和爸爸一起看电视，看一个真人秀节目，里边有人模仿范进，总是做出一些糊涂事。爸爸看我看得很高兴，就给我讲了"范进中举"的前因后果。听完故事后，我觉得太好笑了，忍不住对爸爸说："这可真是古代科举考试制度的怪胎，考了一辈子，达成了自己的梦想，最后范进却疯了，一方面觉得他好可笑，一方面觉得他好可怜。"

爸爸听后，非常惊讶地对我说："熙熙，你竟然能这样认识这个问题，真是要让爸爸刮目相看了。但在现代社会中，也有好多像范进这样的人，因为一点点成功和失败就会大喜大悲。我问你这样一个问题，如果你考了全班第一名，你会想什么？"

"我要让大家都知道这个消息，让大家能够认可我。"我很自豪地说。

"那如果你的成绩考得非常糟糕呢？"

"我觉得太丢人了,我将接受不了这个现实。"

"看,要是照你这样说,你跟范进差不多了。"

爸爸并没有理会我的不高兴,接着说:"每个人都有取得好成绩的时刻,每个人也都有失误的时候,每个人的人生就是在这种起伏中前进的。如果就是因为这些小小的起伏,就认为自己实力很强,或者一无是处,那人生还会前进吗?"

听完爸爸的话,我不由得点了点头,从那以后,我开始注重自己的学习内容而不是学习成绩了,反而能轻松地应对学习中的各种难题。

两个人的悄悄话:

后来,我问爸爸,为什么那天的聊天会对我产生这么大的作用呢?爸爸听到我的问题,把背后的道理详细地讲给了我听。

爸爸告诉我,青春期的孩子很少能正确认识自己的分数。这和孩子所处的年龄阶段有很大的关系。这些来自学习的压力,常常会让孩子感觉很累。每当自己取得成绩或遭遇失败时,对自己的认识都会发生很大的变化。当取得好成绩时,孩子会认为自己是天才,无所不能;但遭遇失败时,孩子又会觉得自己一无是处,甚至把自己看得一文不值。所以,在这种状态下,孩子永远都不会正确认识自己。

一般来说,青春期孩子的自我意识出现严重问题,常常会发生在考试之后。因此，家长可以利用孩子取得好成绩或遭遇失败的机会，引导孩子正确认识自己，正确评价自己，从而使孩子的自我意识沿着正确的方向发展。

其实，只有家长不太在意孩子的学习成绩，孩子才能真正地放开自己，不再对考试成绩过分焦虑。遗憾的是，很多家长都很难做到这一点。每当孩子没考好时，孩子还未表现出异样，家长的情绪先低落了，或者干脆批评孩子一通；而当孩子取得好成绩时，家长又恨不得让所有的人都知道孩子的成功……家长的这些行为都会给孩子错误的引导，使孩子不能正确地认识自己。

最后爸爸告诉我，以后要和我共同努力，去正确认识学习，而不是仅仅在乎学习成绩。

致青春期女孩：心理篇

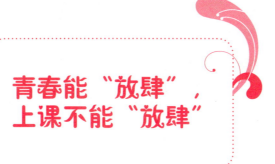

青春能"放肆",上课不能"放肆"

今天的数学课非常重要,老师上节课就让我们认真预习一下今天课上要讲的内容,以免到时候我们听不懂。

为了上好这节课,我昨天放学回家就仔细地预习过了,确实,里边都是新知识,原来没有接触过,看起来很费劲,一点都不懂。我就特别担心今天上课跟不上老师的进度。

上课铃声响了,数学老师开始上课。老师刚开始并没有讲新知识,而是先讲了昨天作业上几个比较难的题目,老师在讲台上讲的我都会做了,不知不觉就开始走神了。

等到老师问大家都听懂没有,我才回过神来,可是,可是……

新知识已经讲完了!

我完全没听进去!

唉,上课又走神,这么重要的课,一点没听进去。这个臭毛病什么时候才能改掉呢？我顿时对自己一点信心都没了。

这样，接下来的课我在自责中也没好好听讲，一天的课就这样过去了。

妈妈看我如此沮丧地回到家，听完我的讲述，她并没有特别责怪我。

致青春期女孩：
心理篇

两个人的悄悄话：

妈妈说："熙熙，其实你大可不必那么紧张。上课偶尔走神是正常的，只要不是太严重，就没必要害怕。不过，如果总是走神，都影响到学习了，就要好好查查原因了。"

妈妈告诉我，人的注意大致可分为有意注意和无意注意两种。上课时，就要求调动积极的有意注意，尽量延长有意注意的时间，缩短无意注意的时间。上课走神就是一种无意注意。

经常上课走神也许是以下几个原因引起的：

1. 晚上没睡好，所以精神不好。

睡眠不足会影响人集中注意力，如果前一天晚上没有好好休息，第二天上课就有可能走神。如果是这个原因，可以调好自己生物钟，按时作息，保证充足的睡眠，这样上课才有精神。

2. 上课前没有好好预习。

要想在课堂上取得最好的学习效果，莫过于带着问题听讲。那么，怎样才能发现问题呢？最好的办法是课前预习。在预习的过程中，可以粗略地把容易理解的、一知半解的和完全不知所云的东西用不同的标记方法标记出来，这样就可以在有一定的背景知识（那些理解了的）的情况下，专心去听那些一知半解和完全不知道的知识点，这样做，不仅心里有底，而且带着一定的问题和目标去学习，上课走神的情况就会得到根本性的减少，甚至会没有。

3. 不要胡思乱想。

上课的时候，要跟着老师走。具体的做法是，老师板书的时候，认真看板书，老师讲解的时候，可以注意老师的眼睛。当然，这里说要跟着老师走，并不是说思想也被老师牵着鼻子走，而是要养成边听边思考的习惯。比如：老师打算怎么解决这个问题呢？我之前的想法和老师有什么地方不同呢？

其实做到第二点，第三点也就自然而然地能做到了，因为你一直在记着为自己的疑问从老师那里、从课堂上寻找答案，这时哪里还有心思走神啊？

听完妈妈的话，我不那么沮丧了，我要让自己一点点改变。可是今天的数学课上老师讲的没听到啊，吃完饭，妈妈很仔细地给我讲了一遍，我终于弄懂了，心里也不再沮丧了。

为考试焦虑有用吗？

致青春期女孩：
心理篇

唉，又要月考了！

"考、考、考，老师的法宝！分、分、分，学生的命根！"

我真不明白是谁制定出考试这种东西，学生一天到晚好像都是为了考试而考试，每天都疲于奔命。

什么周考、月考、期中考、期末考，等等，考试不断。简直让我烦透了。

让我更为不爽的是，考完后，又是试卷讲评，又是分析试卷，甚至还有讨厌的同学故意过来问分数。不过又怎么样，就算他们不问，爸妈也会问，就算爸妈不问，老师也记得很清楚。

先不说别人关不关心分数的事吧。就说我自己，考得好的科目，担心下次保不住这么好的成绩，考得不好的科目，不仅成绩没保住，连信心都快保不住了。

这样一次次地循环，都让我把对考试的厌恶变成了担心，我越来越怀疑自己得了"考试焦虑综合征"。

两个人的悄悄话：

妈妈见我们都这么紧张，告诉我，其实她小时候面对考试，也很紧张，这是很正常的现象，妈妈又告诉我，心态对了，事情往往就成功了一半。

怎样对待考试，这是一种心态的处理问题。

我们要正视考试，因为就算你离开学校，以后到了社会，还是有许多大大小小、形形色色的考试：参加某些工作，要考一些资格证，比如当教师，需要考教师资格证；去公司工作，要见面试官，这也是考试；想要开车，得通过驾照合格考试；等等。可以说，我们的人生要面临的考试远不止在学校面对的对书本知识的学习检测，其实考试无处不在，如果一直焦虑，那么以后的人生怎么办？岂不是要一直在焦虑中度过？

而且，好多学生也有点太在乎考试的结果了。其实很多考试，像周考、月考、只是老师对学生的阶段性学习的一个测量手段，他们只想看看大家学到了多少，学得怎样，并不会心里总带着成绩表来看待学生，老师的脑子毕竟不是计算机，记不了那么多的。

而从另一个方面，也就是从学生本身来讲，考试会让大家对所学的东西有一个阶段性的巩固，能对一段时期内所学的知识

查漏补缺，不知道的，及时补上；知道的，更加巩固。不断地复习，不正是起到了考试的真正目的吗？对自己尚且不太懂的地方做出弥补，这点不是很好吗。这样，大家一定会通过考试不断进步的。

考试有适当的焦虑是好事，因为这样会让人在适度的紧张下调动思维的积极性，所以，有些学生能在考试中"超常发挥"。当然，焦虑的度要把握好，过度了，就可能适得其反，对平时学习起反作用，变成为了考试而考试，那就很危险了。把考试当成对自己的一次小小的监测，不也很好吗？

考砸了以后……

昨天试卷发下来了,菲菲一看到分数,就趴在桌子上哭起来。我过去偷偷瞄了一眼,试卷上的分数真是惨不忍睹。

"菲菲,别难过了。"我都不知道该说什么好。

菲菲没说话,继续哭,而且好像哭得更凶了。

我只好拍拍菲菲的肩膀,然后静静地坐在她身边。

菲菲哭了一会儿就停了下来,她缓缓地拿起发下来的试卷,然后好像自言自语地说:"最近压力挺大的,可能才会这样吧。呵呵,应该没事的。谢谢你,熙熙。"看菲菲勉强的笑容,我心里挺难受。

朋友有困难,我都不知道该从何帮起。接下来的几天,菲菲都不大说话,看来上次考试确实给她带来了很大的心理压力。该怎么办呢?

致青春期女孩：心理篇

两个人的悄悄话：

"熙熙，看来菲菲不仅仅是对考试过于担心，而且产生了一定的心理压力。"妈妈的话我非常认同，可是该怎么办呢？

妈妈告诉我，作为熙熙的好朋友，我可以找个机会和她好好聊聊。

人的一生总会碰到这样或那样的困难，面对困难的时候，是背着包袱迎难而上，还是轻装上阵，这真的要看我们用什么样的心态去面对压力。菲菲把学习看得过重，这是她心理压力大的根本原因。

青春期的孩子，不用给自己那么大的压力。

人们在做某些事情的时候，尤其是当这件事本身的目的性还很强时，常常会产生一种紧迫感和危机感，这种紧迫感和危机感，我们就叫它压力。

当我们面对压力时，不仅心理上会感觉到，身体也会感觉到，因为身体会发生一系列的反应。但这种反应常常是无意识的，也就是说，不在我们的控制之内。当我们处在这种反应中时，身体内部每个部位都会处于临战状态。而当压力解除时，这种状态也会自动宣布停战。如果一个人长期处于压力状态之下，久而久之，会使人的精神难以集中，记忆力下降，甚至遗忘正在思考或谈论的事情。很明显，在这样的状态下，想要做好任何一件事都是不可能的。学习也是这样，所以，我们应该放下由于对阶段性测试的过度重视而带来的心理压力，把学习看成生活的一部分，看成一个有待长期实现的目标，或者，更简单地说，看成一种生存状态，只为学习而学习，而不是为了考试而学习。

其实有些事情，也许在目前，在你们看来，是多么多么大的无法超越的困难，但是实际情况有可能根本不是这样的。

很多时候，我们不能抱着"我一定要怎样怎样，才能怎样怎样"，或者"我要是不这样这样，就一定会怎样怎样"的偏执想法，因为这样想的时候多了，无异于慢性自杀，慢慢地，压力就会越积越多、越来越大。很多时候，事情在变，我们自己也在变，那么当初的想法或者做的决定为什么就不能变呢？

压力往往是我们自己给自己的。不然，怎么会有"人最难战胜的敌人是自己"这样的说法呢？

对于菲菲而言，她自己也说到"最近压力很大"，看来她心里对自己上次测试成绩下滑的根本原因还是有数的。这次失败，可以说，败给的不是学习本身，而是她自己。

那么，面对一件需要我们高度重视的事情的时候，正确的做法是什么呢？我们不妨预备好几个方案，想好各种可能出现的情况，甚至可以想到最坏的情况，当然，我们不反对想到最好的情况，然后在最好和最坏之间穿插几种中间状态，这样，你会看到，其实最坏也就这样了。当你充分地把要面对的问题想清楚后，剩下来要做的，就容易多了，简单思维，简单生活。

我们选择改变，并不是因为不坚持了，而是换一种方式更好地坚持。就像我们选择简单不是因为没有思考，而恰恰相反，在这之前，我们已经把各种复杂的情况考虑过了。试着换一种态度处理事情，这样，我们的思维方式会悄悄改变，随着这些改变，我们会在某一天发现，自己能更加成熟地看待问题，看待生活了。

这个时候，压力自然就减轻了。

致青春期女孩：心理篇

第二章
谁的青春不迷茫

青春期,是一个肆意张扬的时期。每个人都有自己的个性,青春期的我们,不用过多地在意别人的眼光,该坚持的,一定要坚持,一定要去做最好的自己。

致青春期女孩：
心理篇

因为青春，
大声说"我行"

班里举行知识竞赛，有一个环节是抢答题，需要大家在第一时间做出反应。为了取得答题资格，很多人都没思考问题，就直接抢答了，得到答题权后，再思考问题的解答方法。

可是，我却对自己作对题目一点信心都没有，每次我都是想出答案以后再抢答，这样一来，每次我都没有答题机会。

我明明都知道答案，却一个都不敢抢答，我看菲菲每个都很积极，可是还有抢到了答题权却没有答对的情况出现。

妈妈知道了这件事情，告诉我，这是我没有自信的表现。

有关自信，妈妈又和我聊了起来。

两个人的悄悄话:

妈妈告诉我,青春期,是一个自信飞扬的季节。

哈佛大学哲学系的一名教授一次上课时,为大家讲述了一个小故事,故事的主角是一名著名学者的助手,故事是这样的:

风烛残年之际,一名学者知道自己时日不多了,就想考验和点化一下他的那位平时看来很不错的助手。他把助手叫到床前说:"我需要一位最优秀的传承者,他不但要有相当的智慧,还必须有充分的信心和非凡的勇气……这样的人选,直到目前我还未见到,你帮我寻找和发掘一位,好吗?"

"好的,好的。"这位助手很认真、很坚定地说,"我一定竭尽全力去寻找,不辜负您的栽培和信任。"于是,这位忠诚的助手就开始想尽一切办法为自己的老师寻找继承人。

然而他领来一位又一位,都被学者婉言谢绝了。有一次,病入膏肓的学者硬撑着坐起来,拍着那位助手的肩膀说:"真是辛苦你了,不过,你找来的那些人,其实还不如你……"

半年之后,学者眼看就要告别人世,最优秀的人选还是没有眉目。助手非常惭愧,泪流满面地坐在病床边,语气沉重地说:"我真对不起您,令您失望了!"

"失望的是我,对不起的却是你自己。"学者说到这里,很失望地闭上眼睛,停顿了许久,又哀怨地说,"本来最优秀的

人就是你自己，只是你不敢相信自己，才把自己给忽略、耽误、丢失了……其实，每个人都是最优秀的，差别就在于如何认识自己、如何发掘和重用自己……"话没说完，学者就永远离开了这个世界。那位助手非常后悔，甚至整个后半生都在自责。

在一个人的心态与性格中，有非常重要的一点，那就是如何看待自我。如果一个人对自我没有一个清醒的认识，那就很难谈到客观地对待外部世界。自信是在客观地认清自己的现状之后仍保持的一种昂扬斗志。自信是成功者必须依赖的精神潜能。

致青春期女孩：
心理篇

在当代许多世界名人中，有些人是相当自信的，有时甚至给人一种说大话、吹牛皮的感觉，但是，他们确实做到了，或者仍在努力做。但无论如何，自信都给他们一种前进的动力，使他们敢于去攀登人迹罕至的事业高峰，创出一番骄人的业绩。

有人说过："人生最大的损失，除丧失人格之外，就要算失掉自信心了。"一个人可以没有金钱，没有美貌，没有洋车洋房，但是，只要你拥有自信，那么，成功就不会将你拒之门外。何必一直羡慕别人、模仿别人呢？每个人走向成功的路都是不一样，但是那些成功的人一定拥有一个共同点，那就是，相信自己一定能行。其实，成功就是自信地走属于自己的路。所以，我们要记住，自信的人最美丽，也最容易得到成功老人的青睐。好好握紧自信，不要将它轻易丢掉，因为那是属于灵魂的青春！

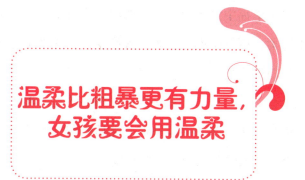

温柔比粗暴更有力量，女孩要会用温柔

我和妈妈去饭店吃饭。当时正好是饭点，旁边一桌的客人可能等得有点着急，一个劲地嚷嚷上菜慢。可是他们那样嚷嚷，菜也没上来。

我们也等了好一会儿了，妈妈温柔地对服务员说："服务员，我们的菜能不能快点？下午我们还有事情要办。"服务员立刻就拿起对讲机催起了后厨。

很快，我们的饭菜就上来了。而这时候，旁边的食客还在喊。

两个人的悄悄话：

女人的温柔是民族遗风、文化修养、性格培养三者共同凝练

的。一个女人，善于在纷繁琐事、忙忙碌碌中温柔，善于在轻松自由、欢乐幸福中温柔，善于在柳暗花明时温柔，善于在负担和创造中温柔，更善于填补温柔、置换温柔，这些是走向"魅力女人"不可轻视的艺术。

无论是一言一行、一颦一笑……都要体现出温柔。对人，温柔能折射出一个女孩的兴趣情调、品质修养；对社会，温柔能折射出一个社会的时代风尚、文明程度。

不说容貌体肤，单就可爱女孩的气质情致而论，那千种娇媚、万般风情，谁又能说得尽呢？

你尽可以潇洒、聪慧、干练、足智多谋，但有一点不能少，你必须温柔。女人存在的理由就是因为她具备男人所缺乏的温柔。

"温柔"这两个字很自然地和关心、同情、体贴、宽容、细语柔声联系着。温柔有一种无形的力量，能把一切愤怒、误解、仇恨、冤屈、报复融化掉。在温柔面前，那些吵闹吼叫、斤斤计较、强词夺理、得理不饶人，显得那么可笑可怜。

温柔是一场无风无雷的小雨，淋得你干枯的心灵舒展如春天的枝叶。

女人，最能打动人的就是温柔。温柔像一只纤纤细手，知冷知热，知轻知重。只这么一抚摸，受伤的灵魂就愈合了，昏睡的青春就醒来了，痛苦的呻吟就变成甜蜜幸福的蔚声了。温柔是女人特有的武器，温柔有一种绵绵的诗意，女人把它缓缓地、轻轻地放射出来，飘到你的身旁，扩展、弥漫，将你围拢、包裹、熏

致青春期女孩：
心理篇

醉，让你感受到一种放松、一种归属、一种美。所以，温柔，是属于女人的一种风情。

看一个女人善良不善良，就看她是不是温柔。人总是以善为本，可善良是看不见摸不着的，但温柔不温柔是显而易见的。如果说善良是平静的湖泊，那温柔就是从这湖上吹来的清风。一个不温柔的女人、一个不善良的女人，就算她有倾城倾国的美貌，再加上一百条优点和一千种特长，也绝不是可爱的女人。

温柔是一块磁石，只要你进入它的磁场之内，你就不知不觉被它吸引，想躲也躲不开。

温柔里面包含着深刻的东西，不是生硬地表演出来的，而是生命本体的一种自然散发。只有生长于生命内部的这种本性，才经得起考验，历久不衰，一直相伴到生命的终结。

温柔不是娇滴滴、嗲声嗲气，这里有真假之分。娇滴滴、嗲声嗲气是假惺惺，是故作姿态；而温柔是真性情，是骨子里生长出来的本能的东西。

温柔是人人都能感觉到的。一个女人站在面前，说上几句话，甚至不用说话，你就能感觉出这个女人是温柔还是不温柔。

如今，女性也已经承担起重要的社会责任了，与男性一分高下。不得不承认，作为群体，如今女性的温柔明显减少，多了些咄咄逼人。这种温柔的减少，多少有点不正常。有调查显示，男性如今在家做饭洗衣的比例逐年上升，甚至不少男性学会了织毛衣，这种反差不能不说明一些问题。

很多女孩在谈到温柔时，会这样说，都什么时代了，还谈什么温柔？

应当指出，女性在追求独立人格的同时，不应放弃温柔的一面，何况温柔与追求独立人格并不矛盾。温柔是美德，是理解，是关怀，只有懂得温柔的女孩，才会给人如沐春风的感觉。

温柔如风，可拂去心里的烦恼与忧愁；温柔似雨，可滋润心里的干渴与浮尘；温柔像虹，能照亮自暴自弃之人重新扬帆的锦绣前程；温柔也似利剑，剽悍粗犷的人会在这利剑前垂下高傲的头颅。温柔，最是女人本色。

致青春期女孩：
心理篇

哪里有绝对的公平？
强大自我，争取公平

第二章 谁的青春不迷茫

为了防止同学考试的时候作弊，老师在举行考试的时候分别使用A、B两套试题，这样，相邻的同学就没有办法抄袭了，保证了试卷分数的含金量。

可是这样的一个制度引来了菲菲的抱怨，因为她偏巧赶上的是B卷，而那上面的几道题她又恰好不会做，这使菲菲大为恼火。

"我赶上的是B卷，如果是A卷的话，成绩肯定会更高一些。哎呀，那个B卷上面的题恰好我不会，为什么要分A、B卷呢？这样做不公平，就算是排名次，也不能说明问题，大家做的卷子不一样嘛。"

听到菲菲这样说，我也不知道该怎样劝她了。

回到家之后，我和妈妈无意中谈到了这件事，妈妈问我："如果换做是你，你会怎样认为呢？"

致青春期女孩：心理篇

"如果我复习得很到位，无论考什么，都难不倒我。"我很自信地对妈妈说。

"你说得时。"妈妈很赞同地说，"在考试的时候，我们任何人都无法预料会出什么样的试题，所以不能有任何的侥幸心理，只能踏踏实实地把该准备的知识点都弄清熟透，以不变应万变，才能保证取得好成绩，哪有寄希望于老师出的题目呢？"

听妈妈这样一开导，我也觉得菲菲的想法有问题。如果她自己都复习好了，就不会觉得两份试卷有差别了。

"什么事情都不会是绝对公平的。只要分了A、B卷，肯定难易程度不一样。所以，我们无法改变外在的条件，最好的方法只有做好自己。生活中很多事情也是这样的，熙熙，你明白吗？"

我仔细想了想妈妈的话，确实，生活中这样的事情还很多，重要的不是抱怨，而是改变自己，让自己变得更加优秀。

两个人的悄悄话：

生活没有绝对的公平，当然，生活也不会偏爱任何一个人。

在日常的生活中，我们总是会听到有人在耳边抱怨"生不逢时""千里马好找，伯乐难寻""现在的工作不能体现自己的价值"。而实际上，这些人总是忽略了一些问题，他们是否将自己放在了正确的位置上？是否为自己创造了被伯乐相中的机会？还是仅仅总安慰自己"天生我材必有用"，而不去做出努力来改变现状？

　　命运并不是对每个人都公平，有的人天生智商超群，而有的人却是残疾。然而造物主创造世界万物时，他相信每一件事物都具有其存在的价值。如果我们只是空抱怨"一切都不公平"，那么做任何事情都注定不会有进展。在这个世界上，只要找对了自己的位置，哪怕你只是一块不起眼的石头，总有一天也会发光、发亮。你要有足够的信心和毅力，并且要坚信"天生我材必有用"。

　　实际上，成功往往离我们只有半步之遥。然而这半步，有时却要你为之付出很大的努力才能跨越。并不是说你没有能力，而是你很难相信自己有这个能力。在我们身边，有很多女孩生活在自卑中，周围写满了不自信，总拿自己的弱点与别人的强项相比，却不愿对自己大喊一声"我能行"。

第二章 谁的青春不迷茫

致青春期女孩：
心理篇

因为年轻，不要在意别人怎么说

"熙熙，你这头发怎么成这样了？没原来好看了。"

"熙熙，你英语那么好，数学为什么就不灵呢？"

"熙熙，这双鞋是几年前的款了，你怎么还穿呢？"

……

每当听到别人说我的时候，我都会很难过，不自觉地就想改变，按照大家的眼光改变。妈妈对此却有不同的看法。妈妈让我不要在意别人的眼光，做自己就好了。

两个人的悄悄话：

妈妈问我："熙熙，你是不是一个有主心骨的人？你在做事时是按照自己的想法做决定，还是听从别人的话摇摆不定？你会不会因为有人说你新买的裙子太花哨而一整天都闷闷不乐？你会不会因为别人说你不行就不再去努力？很多时候，我们在通向成功的道路上常常被一些人和事所干扰，最终失去了真实的自我，在歧路上越走越远，找不到回头的路。"

妈妈告诉我，很多时候，我们就是陷入别人给我们的评论之中而迷失了真实的自己。别人的语气、眼神、手势等都可能搅乱我们的心，使我们丧失往前迈进的勇气，甚至让我们成天沉迷在愁烦中不得解脱，在前进的道路上迷失自我。事实上，别人怎么说、怎么做，那是别人的事情，是别人的生活态度，而你怎么说、怎么做、怎么想，才是你的生活态度。不要因为身边的一些事和人而受到影响；不要因为别人的一句本非善意的话而受到伤害，不要因为别人做的一些无关紧要的事情而否定自己。但丁说："走自己的路，让别人去说吧！"我们都有自己的生活方式、自己的做人原则，太在意别人的看法、盲从他人，便会丧失主见、失去自我，这样的人生，还有什么意义呢？我们不能如矮子观戏，人云亦云。

上帝曾把1、2、3、4、5、6、7、8、9、0十个数字摆出来，让面前的十个人去取，说道："一人只能取一个。"

人们争先恐后地拥上去，把9、8、7、6、5、4、3都抢走了。

取到2和1的人，都说自己运气不好，得到的很少很少。

可是，有一个人却心甘情愿地取走了0。

有人说他傻："拿个0有什么用？"

有人笑他痴："0是什么也没有呀，要它干啥？"

这个人说："从零开始嘛！"便埋头不言，孜孜不倦地干起来。

他获得1，有0便成为10；他获得5，有0便成了50。

他一心一意地干着，一步一步地向前。

他把0加在他获得的数字后面，便十倍十倍地增加。终于，他成为最成功、最富有的人。

处在青春期的我们更应该知道，你的生活是你自己的，不是别人的。在这个世界里，每个人都是一道彩虹，是一道别人永远无法再次演绎的彩虹。这个世界多姿多彩，每个人都有属于自己的位置，有自己的生活方式，有自己的幸福，何必羡慕别人？放开自己，挣脱别人对我们的束缚，不要被别人的言论所左右，找到属于你自己的天空，你才能活得更洒脱，才能在充满坎坷的人生道路上走得更踏实。

致青春期女孩：心理篇

我年轻，我该怎样追星？

第二章 谁的青春不迷茫

菲菲是某"小鲜肉"的疯狂崇拜者，她每天都哼着他的歌，这个男孩仿佛成了她生活的全部。在菲菲小小的卧室中贴满了这个人的海报，在她的铅笔盒里到处都是他的大头贴。甚至在她的衣服上，都彩绘上人家的宣传照。

对于菲菲的这种过激行为，我们常常劝她别太固执了，但是菲菲并不以为然，执着地爱着她心目中的明星。

最近听说这个明星又闹绯闻了，有了女朋友，菲菲特别伤心，对我们说："唉，我偶像的那个女朋友，究竟哪一点好嘛！我看不出来。如果是我做他的女朋友，肯定比那个家伙要好。"菲菲的豪言壮语把同伴们逗得前仰后合。

每当小报上报道了关于这个明星的新闻，菲菲绝对会在第一时间向大家播报，这个人的所有情况都牵动着菲菲的神经，她甚至从现在就开始计划攒钱，梦想着有一天坐飞机去很远的地方看望他。"亲爱的,也许我的学习成绩并不是最好的,但是我向你保证,我是最爱你的。"

听着菲菲的话,我们大家都要呕吐了。这可真是着魔了。

致青春期女孩:
心理篇

两个人的悄悄话:

我和妈妈聊天的时候,对妈妈说起了菲菲的情况,妈妈感慨地说:"孩子追星可以,但是要有个度,超过了底线的疯狂崇拜,就不是什么好现象。并且最重要的一点是,不应该完全将明星作为'精神支柱',把明星看作自己的'神'。这样长久下去,必然会对未来失去方向。甚至会因为不理智而发生惨剧。"

妈妈还告诉我,前几年,刘德华的歌迷杨丽娟为了见他,不惜让自己的父亲卖肾筹钱,最终导致一家人的悲剧。杨丽娟疯狂迷恋刘德华,父母不但没有发现女儿的问题,反而还支持女儿追星,一家人都为"星"狂。当杨丽娟的追星越加疯狂时,她已经陷入妄想症的深渊不能自拔。最终,杨丽娟为了完成这个心愿,不惜一切代价。

这种错误的崇拜最终导致了整个家庭的破灭。

羡慕和崇拜名人并没有错,这是女孩普遍的心理,要知道,成长本身就始于崇拜。但是由于缺乏自制力和辨别能力,女孩对名人的崇拜往往会陷入一种盲目,只看到名人表面上的光环,而迷失了自我的境地。如果一个女孩沉湎于对明星的追逐和依恋当中，不能自拔。一味关注明星的漂亮外表或八卦新闻，关注他们的名声或收入。这样，最终会耽误自己的学习。

女孩崇拜明星并不一定是件坏事，最重要的是，要让她知道如何崇拜才最正确。如果能看到明星最杰出的地方，学习明星的精神或优点，并与自己的实际联系起来，确定自己的奋斗目标，那崇拜明星就是挺好的教育机会。正如一位女中学生评价刘德华时所说："刘德华不只歌唱得好、戏演得好，而且还热心为社会服务。他非常关心我们的学业，常常要我们把成绩表拿给他看，鼓励我们把书读好。所以，我崇拜他，学习他，让自己变得更好。"除此之外，女孩还要明白，每一位明星的背后都有我们看不见的努力。

例如徐静蕾，大家都不陌生，她被称作"玉女偶像""中国影视界四小花旦之一"。徐静蕾在举手投足间淡然流露出的优雅、纯情，曾迷倒无数少男少女的心。她是个才女，做导演，《一个陌生女人的来信》就让她获得圣塞巴斯蒂安科国际电影节最佳导演。要知道，这仅仅是她导演的第二部电影，就达到了别人梦寐以求的高度。可是在这些光环背后，有别人不知道的拼搏和努力。徐静蕾小时候就被父亲"逼着"在市少年宫书法班学习，现在才写得一手好字。后来她看别人画画，就喜欢上了画画，于是17岁的她不畏寒暑，骑着自行车穿梭于偌大的北京城，走很远的路去学画。就是这些背后的努力，才让日后的徐静蕾取得了那么大的成就。

还有我们熟悉的张曼玉，在成功之前，张曼玉只想在银幕上扮靓，只肯演妩媚动人的少女。演了几部电影之后，却没有得到预期的效果，观众不认可她的妩媚，不认可她演美貌少女时的表演。

在这种屡遭挫折的情况下，张曼玉痛定思痛，决定好好磨炼自己。于是，她拼命地看前辈们的影视作品，揣摩每一个角色的内心世界。就连在街上看到一个擦身而过的普通人，不管是扫地的阿姨，还是送盒饭的打工妹，张曼玉都仔细地观察他们的一举一动，运用到自己扮演的角色当中。经过不懈地努力，克服了常人无法想象的困难，一个接一个全新的角色终于出现了。从《新龙门客栈》里的老板娘到《宋庆龄》里的宋庆龄，从《一门喜事》里的新娘子到《甜蜜蜜》里的打工妹，张曼玉角色多变、演技出色，终于得到大家的一致认可。她成了获奖最多的香港女演员，奖项包括四次香港电影金像奖最佳女主角奖、四次台湾金马奖，获得了让别人可望而不可即的成功。

青春期正是做梦的年纪，女孩追星，不是不可以，只是不要盲目，更不可以在追星的过程中迷失了自我。

勇敢地拒绝胜过沉默

第二章 谁的青春不迷茫

周末我原本计划和妈妈一起去图书馆看书。周五的时候，菲菲找到我，问我周末能不能跟她一起去逛街看电影。我拗不过面子，就答应了菲菲。

本来该去图书馆查资料的，结果资料没查成，还有几个疑问没有解开。到了晚上，妈妈问我怎么没在家，我把事情的经过都告诉了妈妈。

妈妈说我就是不会拒绝，一次次地把自己的安排都打乱了。仔细想想，妈妈说得挺对的，我确实不会拒绝别人。

我从来都不懂得如何拒绝，不知道这算不算是自己的缺点，只要是别人向我提出要求，在我力所能及的范围之内，我都会毫不犹豫地应允。

有时我觉得自己太软弱，也有可能是因为我太在乎别人的感受，所以，在面对别人的请求时，总是不忍心说"不"。即便别人提出什么无理的要求，也会一口答应，事后往往又特别后悔，对此，我心中也充满了矛盾，而且曾经不止一次要下决心拒绝别人，可每次面对别人求助的目光，我又一次次地退缩了。

两个人的悄悄话：

有时候，我会向妈妈倾诉自己的苦闷，而妈妈每次都会这样说："乐于助人是很好的习惯，但是你也要有自己的原则啊。有时候，学会拒绝别人，这是一种技巧。不应该答应别人的事，就毫不犹豫地拒绝。不是说宽容就是无限制地迁就别人，哪里有这种道理呢？"

后来我也想明白了，正像妈妈说的那样："拒绝不是每个人都可以做得到的，因为委婉的拒绝也需要很大的勇气。拒绝有时不是冷漠，不是生硬，也不是不近人情；相反，它是一片善意，是智慧的体现。"

妈妈说："青春期的孩子大都不会拒绝，可是学会拒绝，是人际关系中的重要的一环，我很高兴的是，你已经走出了学会拒绝的第一步。还想提醒你的是，在帮助别人的前提下，要考虑自己的能力是否能达到。"

妈妈告诉我，在现实生活中，万能的人是不存在的。尽管你的心肠很好，但当他人有求于你的时候，你也只能遵循量力而行的原则，不可以为了帮助他人而给自己找麻烦。如果这件事情你办不到，也不一定能办好，在这种情况下，就要想办法拒绝，而并不是要硬着头皮接受下来。人们都有这样的一个普遍的心理，当自己的求助被对方接受的时候，也就寄希望在对方的身上。只要你对对方求助的事自知力不能及又不加拒绝，勉为其难，这样不仅会给自己带来种种的麻烦和困扰，还会因为无法把事情办好而耽误对方。

勉为其难，本来是出于怕得罪人或者是逞能，结果没有把所接受的事情办好，这样的效果岂不是更糟糕吗？不仅自己觉得没有面子，反而会给人留下"吹牛""自夸"的不良印象。

因此，当他人有求于你的时候，你必须有自知之明，力所不能及的事情一定要果断、诚实地加以拒绝。这样不仅可以给自己减少麻烦，而且也是对他人负责，以便让对方另找途径解决。

当然，拒绝也要讲究艺术。人家满怀希望、带着自信而来，你却冷冰冰地只给人家一个"不"字，岂不是给人家泼冷水？

妈妈还告诉我，比较好的拒绝方法，就是以诚相告，把话说清楚，让对方明白，你对这件事情确实是无能为力。如果在你坦白了自己"无能为力"之后，能够给他推荐一两个可以帮助他的人，那就更好了。这样的拒绝，好在以诚相告，真实而不虚伪。

致青春期女孩：
心理篇

对自己好点儿

我们班的糖糖是个特别可爱的小姑娘。大家都管她叫糖豆儿，她本人和她的名字一样，特别讨人喜欢。可是，最近她有点不开心。

我和菲菲都想帮助糖豆儿，可是都找不到原因，不知道怎样帮助她。

放学以后，我俩看糖豆儿一个人走着，就赶紧凑上前去，问她怎么了。平时我们几个关系不错，糖豆儿也就没隐瞒，一五一十地把事情说了出来。

原来，糖豆儿的表哥来到她家，表哥家在远郊，上学很不方便，这样，糖豆儿家里就长期多了一个人。可是，自从表哥来她家，妈妈让糖豆儿把自己大大的装饰好了的卧室让给表哥住，让糖豆儿搬到了客卧。连家里好用的电脑妈妈也让糖豆儿让出来给表哥用。这些让糖豆儿觉得好像不是在自己家里了。她碍于面子也不好去找妈妈说。心里觉得很委屈。

我和菲菲听了都替糖豆儿着急。她那个表哥我们见过,是个不好好学习的学生,有一次我们还见他吸烟了,我们都觉得糖豆儿太委屈了,应该去跟爸爸妈妈谈一谈。

糖豆儿开始不好意思提出来,她也想看看我们的意见。我们把我们的真实想法告诉了糖豆儿,让她去找爸爸妈妈谈,然后把她表哥的真实情况跟她父母说一下,说自己还想要自己的空间,希望能恢复到原来的样子。

糖豆儿第二天上学来得特别早,看见我和菲菲,就特别高兴地拉着我俩说起了前一天晚上的情况。原来,糖豆儿的爸爸妈妈觉得表哥要中考了,需要更好的学习环境,当他们知道表哥并没有把精力放在学习上,而且糖豆儿还想要回自己的房间,爸爸妈妈就把情况跟表哥说了,表哥也觉得自己有点过分了,让出了糖豆儿的房间,还表示以后一定好好学习。

事情就这样解决了,我们都为糖豆儿感到高兴。

两个人的悄悄话:

我把这件事情讲给妈妈听,妈妈说,我和菲菲做得对,女孩就应该爱自己。爱自己并不是自私,自私是损害别人的利益,爱自己只是让自己过得更好一些。一个懂得爱自己的人,才会去爱别人。

致青春期女孩：
心理篇

我们有足够的理由爱自己，一是只有自己才是属于自己的；二是只有热爱自己，才能热爱他人；三是只有热爱自己，才能巩固这个不断延长爱的世界。

我们是不是足够爱自己，可以试着自问以下几个小问题：

你喜欢自己的父母以及他们给你取的名字吗？

你喜欢自己的优势吗？

你喜欢自己的气质、谈吐、微笑和习惯性的小动作及打喷嚏的声音吗？

在现实生活中，有许多人给出这样的答案："不""还好吧""已经这样了，能怎么办呢"，等等，这些答案不免使人感到悲哀：为什么我们总是只会"发现"并且难以原谅自己的错误？

或许有人说，爱自己岂不表明一个人过于自恋？这种想法其实是错误的。我们必须清楚，爱自己其实既是一种孩童般的天真无邪，又带有一种哲人般的知性豁达；既包含着一种"要进取，才有前途"的智慧，又有着"自己并没有那么重要"的襟怀和勇气。总之，就是热爱自己一切与生俱来的或亲手打造的东西，并努力发扬光大其中的长处。

然而，"爱自己"却并不容易做到。简单点，在一件细小的事情中可以体现；复杂点，要用一生的过程去打造。因为在这个世界上没有人是完美的，身为凡人，我们的缺陷更是成箩成筐，如果较起真儿来，我们干脆别活了。所以，如今只要我们尚拥有一颗热爱美好的心，并为此孜孜努力着，我们就应该认为自己是个可爱的人。

还有人说，爱自己是一种自私的行为，这同样也是不正确的。

爱自己不是一种自私行为，我们这里所说的爱，并不是虚荣、贪婪、傲慢、自命不凡，而是一种善待自己，对自己无条件地接受的做法。如果你能够认识到自己是一个有自尊心的综合体，如果你能够注意养生，保持自己的身心健康，那你就已经学会爱自己了。如果你拥有了这种爱，那你也就可以把它奉献给别人了。

爱，非常像花散出的香气，无论有没有人去闻它，香气都是存在的。那些有爱的天性的人们，无论走到哪里，都会辐射出爱。而且，他们把爱撒播给别人，并不是通过压制自己的欲望、牺牲自己的需要来实现的。而是由于他们十分充实地享受生活，所以，非常希望别人也能分享这种快乐。他们在友善地对待他人的过程中，发现自己能够获得一个愉悦的心情，这种愉悦正是他们的爱产生的源泉。因此，为了更好地爱自己，不妨做如下尝试：在你比较轻松、事情比较少的日子里，专门空出一天时间。在这一天中，做你自己最要好的朋友，满怀感情地对待自己，为自己祝福，你可以放声歌唱，你可以尽情地舞蹈，用一整天的时间来爱自己。

通过友善地对待自己，你会逐渐地觉得自己的状态开始好转，觉得生活是美好的，而且你还会对自己的身体和思想产生感激之情。

要相信，每个人都有自己的位置，每个人都能找到自己的位置，发出自己的声音，踏出自己的旅途，作出自己的贡献，我们应该相信：正因为有了千千万万个"我"，世界才变得丰富多彩，生活才变得美好无比。

致青春期女孩：
心理篇

青春不需要完美，我也一样

第二章 谁的青春不迷茫

我总是看着别人很完美，而自己却到处是缺点，看着自己哪里都不好，我有点郁闷。

当我问妈妈，我怎么才能变得更完美时，妈妈想了想说："完美是一种美好的东西，有了它，那些知道自己有缺点的人会感到惭愧，也会更加努力，以使自己成为一个完美的人。但是在生活中，完美是不存在的，人本来就有诸多的缺憾，不完美才是完美，太完美了就是缺陷。"

我并没有完全理解妈妈的意思，于是妈妈给我讲了一个小故事：

从前有一个圆，被弄掉了一个边，它总想找到那个小边，好让自己变成一个完美的圆。可是，由于它的不完整，它滚动得非常慢，也因而领略了沿途鲜花的美丽，它和虫子们聊天，它充分享受阳光的温暖。它找到许多不同的碎片，但都不是原来那一块。

　　它坚持着找寻……直到有一天，它实现了自己的愿望。然而，成了一个圆以后，它滚得太快了，错过了花开的时节，忽略了虫鸣……当它意识到这一切时，它毅然放弃了历尽千辛万苦找回的碎片。

　　当听妈妈讲到这里时，我若有所悟："妈妈，生活中很难有完美存在，我也应该学着来接受这个不完美的世界和生活。而我，也并不是完美的，我也一定会有自己的缺陷和弱势，这是自然的必然，对吗？"

　　"是啊，熙熙。"妈妈很赞同我的说法，"所以，不可以为了追求完美而浪费了大好时光，顺其自然，原本不是坏事。"

致青春期女孩：心理篇

两个人的悄悄话：

　　也许你为相貌、身高抱怨过，为家庭条件、学习环境发过牢骚，但只要你乐观、积极、充满智慧地去面对，就能扭转自己的人生劣势，出奇制胜。

　　当日本成为世界上屈指可数的现代化强国之时，在这个岛国的一个偏僻小山村却几乎与世隔绝，十分落后，生活极为困苦。

　　一天，村里一位智者召集全村人，语重心长地说："如今，都是什么年代了，咱们村的人还过着和原始人差不多的生活，我深感内疚和痛心！不过，大都市里的人过着现代化生活的时间长了，一定会感到乏味。咱不妨走点回头路，干脆过原始人的生活，利用咱们的'落后'出卖'落后'，也许会招徕很多城里人。咱们呢，也可以借此机会做生意赚钱。"这一计谋博得全村人的喝彩。从此，全村人开始模仿原始人的生活方式，在树上搭房，穿树叶做的衣服……

不久，日本新闻媒介惊奇地发现并报道了这个过着"原始人生活"的小山村。此后，成千上万的人慕名而至，参观者络绎不绝，众多的游客为山村带来了可观的财富。有经营头脑的人也来了，他们来这里修路、建宾馆、开商店，将这里开辟为旅游点。小山村的人趁机做各种生意，终于富裕起来了。过了若干年，这里的居民白天上树成为一种职业，晚上回到地面，脱掉兽皮树叶做的衣服，穿上现代时髦的服装，住进建筑在景点外围的水泥结构的宿舍里，过上了现代化生活。

其实，有时劣势和缺点不一定是件坏事，如果引导得好，就会转化为优点。把自己弱势的部分转化为优势，对任何人都非常重要。

所以，我们要拥有积极的心态，这样，就能使一个人将自己的弱点转化为优势。如果还不知道怎么做，不妨按照下面的步骤来检测一下自己。

1. 孤立弱点，将它研究透彻，然后设计一个计划加以克服。

2. 详细列出你期望达到的目标。

3. 想象将你自己的弱势变成强势的景象。

4. 立即开始,努力成为你希望成为的强人。

5. 在你的最弱之处,采取最强的步骤。

6. 请求他人帮助。

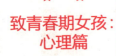
致青春期女孩:
心理篇

第三章

开在青春期的友谊之花

青春期是一个需要友情的时期。朋友对一个人的意义也因此被放大了很多。青春期是一个张扬的明媚的时期,没有朋友的分享,就会多了很多乏味。可是,青春期的个性和冲动,又让青春期的友情充满危机。我们该如何化解这些危机呢?

致青春期女孩：
心理篇

没有"闺蜜"怎么办？

中秋节全家大团圆，我们回到了奶奶家。奶奶家里一屋子的人，爸爸妈妈和那些亲戚在房间里说话，我就去找叔叔家的小堂妹玩。

堂妹比我小两岁，今年上初中了。原来快乐的小堂妹今天很不高兴，耷拉个脸，一点喜气都没有。

"亲爱的，怎么了？发生什么事情了？"

"姐，你说知心朋友就那么重要吗？"堂妹噘着嘴，一脸郁闷地问我。

"当然了，有了朋友，就有人一起分享快乐和痛苦，在需要帮助的时候，也会有人及时出面帮助。"

"可是姐姐，我怎么觉得我没有好朋友呢？"

"欣欣不是你的好朋友吗？"

"我和欣欣上周因为一点鸡毛蒜皮的事情吵了起来，她就拉拢其他的同学把我孤立起来，所以我心里很难过。"

听到堂妹这么说，再看看她哀怨的小眼神，我知道她这次受伤了。我想到了自己的好朋友菲菲，虽然有时候也吵吵架，但是一会就和好了，从没出现过这种事情，看着堂妹伤心的样子，我不知道该怎样劝她。

两个人的悄悄话：

妈妈说："熙熙，听到你妹妹的遭遇，妈妈心里很替她感到难过。其实，你妹妹之所以没有知心的朋友，一方面是由于不懂得体谅别人，所以让人感觉很难与之相处；再一方面就是因为你妹妹有时候说话尖酸刻薄，让人无法接受。面对她的困惑，我们在帮助她改正的同时，还需要帮助她养成一些好的交往习惯，这样，她才能找到真正的好朋友。"

妈妈告诉我，到了青春期，也该了解一些处世技能。

在与人交谈的过程中，尽可能少说话。给别人诉说的机会，而自己要做一个好的听众。

记住不要说任何人的坏话。如果找不到什么好话说，那就保持沉默。

和人发生冲突之后，要尽快宽恕别人，不要记仇。

无论何时何地，当我们在想到对方的时候，都要给予最美好的祝愿！

致青春期女孩：心理篇

不要随意地批评别人，不得不批评的时候，也最好采取间接的方式，记住一个原则，就是始终对事而不对人。在合适的时候要向对方表明，你真心喜欢他，也愿意帮助他。

任何时候都尽量保持面带微笑。

懂得赞美周围所有的人。称赞如同阳光和空气，如果缺少它，我们就没有生长的养分。不论什么样的称赞，永远都不会多余。

当你犯了错误的时候，要及时道歉；当你受到指责的时候，最好的调和方法是主动负荆请罪。

不要打断别人的话，即使当他说错了的时候。在这个时候，即使打断了他的话，他也不会耐心听你诉说的。

在任何时候都要给对方留足脸面。不要让任何人感到难堪，也不要贬低别人，更不要夸大别人的错误。

不要戴着有色眼镜来观察他人，那样你就会发现他做的好事。当你在赞许一个人的时候，要充分说明理由，这样就不会有献媚之嫌。

在发生矛盾的时候，要保持镇静。你首先要倾听对方的意见，还要用批评的眼光看待自己，并对他给予自己的启发表示谢意。

努力试着从别人的立场上来分析事情。印第安人曾经说过："首先要穿别人的鞋走上一段路。"遇到情况，不要忘了问自己：他这样做是出于什么原因？理解一切，意味着宽恕一切。

学会从对方的角度来看待事物。经常问问自己：真正需要的是什么？我如何才能够让他得利？

你不要总是觉得自己有道理。你可以比别人聪明，但是不可以自以为是。你要承认也许是自己错了——这样可以避免一切争吵。

你要经常赞美别人高尚的思想和动机。每个人都希望被别人认为是宽宏而无私的，如果你想让别人有所改善的话，那么你就做出仿佛他已经拥有了这些优良品质的模样。那样，他会尽一切可能不让你失望。

不可以吹嘘自己，也不要过分夸大自己的优点，而要承认自己也有缺点。要谦虚谨慎、戒骄戒躁，不要树敌，不要处处打击别人。如果你想得到朋友，必须懂得得饶人处且饶人。

上面这些，越早知道越好。青春期的女孩，你准备好了吗？

被同学排挤怎么办？

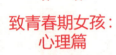

致青春期女孩：
心理篇

我们班上的学习委员涵涵是个优秀的女孩，也是一个漂亮的女孩。但是同学们都不喜欢她。为什么呢？因为她总是看不起同学，觉得自己比别人都强，那种从骨子里带出的骄傲使同学们就渐渐地远离她了，更准确地说，是不敢靠近她。

这天，菲菲有一道许久想不出来的题目，就想拿过去问问学习委员，而她却态度很不好地说了一句："我一会儿要排成绩表，忙得很。"

菲菲小声抱怨一句："唉，估计也不会吧，又死要面子不说。"这话让涵涵听到了，指着菲菲就吵了起来。结果大家都帮着菲菲说话，弄得涵涵很没有面子。

涵涵身边没有朋友，可是她却找不到自身的缺点，反而觉得我们大家都不如她，所以嫉妒她，她越这样，就越是没有人和她做朋友。

学习好就这么重要吗？学习好就要轻视朋友吗？

妈妈看出了我的疑惑，她会怎么帮我解开这个疑惑呢？

两个人的悄悄话：

妈妈告诉我，人缘好的人，说话有人听，办事有人帮，走到哪里都有朋友，显得十分友好亲切，自己也会感到轻松愉快，工作效率也高；而人缘不好的人，形影相吊，是孤家寡人，他对别人冷淡，别人对他的态度也漠然，他与谁都格格不入，到哪里都不会有人欢迎他，而自己感觉是处在一个紧张、沉闷的环境中，甚至会导致心理、生理疾病。

如果在与人相处的过程中发现有矛盾，应从下面几个方面反省：

1. 应该多分析一下自己的原因。

2. 多观察别人。

如果有人对你有意见，是否是因为你过于优秀而使他人产生了自卑感而对你敬而远之呢？

3. 多反思自己。

自己是否在平时与人相处的时候总是沾沾自喜、目中无人，是否经常会盛气凌人，是否容易在一些小节方面得罪别人，是否自身有很多的缺点和不足。

4. 不管是因为自己的原因还是由于别人的误解，既然已经在与人交往的过程中出现了隔阂，要想解决这个问题，就应该想办法缩短与别人的心理距离，达到彼此相容。

具体说来，应注意以下几点：

（1）敞开心扉。就是说要能够开诚布公，使别人了解你、认识你，达到情感交流的目的。向别人敞开心扉，要比自我封闭更能使自己感到满足。一般人都喜欢坦诚的人。在与人相处的过程中发挥自己最大的能量，互通有无，使人信服，以调动大家的积极性。

致青春期女孩：
心理篇

（2）注意加强个人修养。在日常生活中为人处世时，不要处处争强好胜，以和为贵，处事大度，与人为善，心胸坦荡，更不要怕闲言碎语，能够谅解他人，不虚伪自私，不报复猜疑。必要的礼貌与适当的控制有助于解除误解。假如你能够宽容地忘却别人的过失，会使别人更愧疚、易悔过，别人会以加倍的友好弥补过去的失误。

（3）等距离交流。应该对每位同学都热情相待，态度真诚谦让，主动大方。不要与某位同学成为密友，形影不离，给人造成错觉：他们是好友，我们知趣些。你得到一个好友，却失掉了众多能够帮助你的人。当然，等距离外交并不是要讨好每一个人，更不是不讲原则地做老好人。

和好朋友吵架了以后怎么办?

第三章 开在青春期的友谊之花

菲菲没考好,好像一个炸药桶,随时都要爆炸。同学们平时看见她都躲着走,生怕哪句话说不对,吵起嘴来。别人躲着她,可是我不能啊,我们俩是好朋友,我得帮助她。

"菲菲,你今天精神不错啊。"我想让菲菲别老愁眉苦脸的,故意没话找话地跟她说。

"什么精神不错啊,你哪只眼睛看我精神好了?"话从菲菲嘴里出来,我惊讶地张大了嘴巴。我说错什么了?

"菲菲,你没事儿吧?怎么发这么大火?情绪怎么这么差?"

"谁说我情绪差了?我好着呢。你就天天不盼着我好点儿。"

我说她精神好,她拿话噎我;我说她情绪差,她还拿话噎我。我觉得她太过分了。

"你你这人怎么了?我怎么说话都不对,你考试没考好,就好像全世界都欠你一样。什么人啊。"

我火气也上来了，直接把菲菲的伤疤揭了出来。这下更不得了了，菲菲更大声地跟我吵了起来。我不想跟她对着干，拉开门走了出去。

接下来的一整天，我都没有跟菲菲说话，她也不搭理我。我和好朋友吵架了，该怎么办呢？

两个人的悄悄话：

"熙熙，在日常生活中，相互的交往不可能事事顺心，样样如意，难免会发生争吵，会引起矛盾，这是很正常的，关键是要看我们自己怎样对待，是否能分辨清楚原因，恰到好处地加以解决，协调好彼此之间的关系。"

道理谁都懂，可是该怎么办呢？

妈妈又接着跟我分析起来。妈妈告诉我，同学之间吵架的原因有很多，主要有以下几种：

1. 开玩笑有些过火了、行动上让对方觉得很难堪、双方处事的态度不同等，都会引起矛盾。

2. 有的时候会遇到别人的挑拨，使自己对朋友产生误解；有时由于双方所受到的待遇不公平，使自己产生了赌气的行为，与对方不能和睦相处。

3. 有的好朋友之间原本相处得很好，但是因为其中一方心理状态不平衡，正在生气或是正在烦恼，稍不顺心，便会失去理智，无法自制。

无论是什么原因引起的吵架，都会使双方烦恼不安。因此，要正确分析原因，因人因地地选择解决的方法。

采取宽容大度的态度，主动从自身去找原因，以己之心度人，以他人之心度己，宽容大度。自己错了，主动承认，做自我批评，即使是对方的错误，也要先检查自己态度上的过失，争取在缓和的气氛中沟通思想。这是解决争吵的正确态度，要求我们平时要加强自身修养，提高心理素质，做到遇事不急躁，三思而后行。

正确分析争吵原因。对偶发的、自然因素造成的争吵要采取忍让的态度。人与人交往难免会磕磕碰碰，没必要事事较真。对一些事采取幽默的手段处理，便会化干戈为玉帛，会给生活增添色彩。但对待涉及原则性的争吵，则需要我们理智地思考，以理服人，以情动人，求得共识。

采取灵活有效的方法。对性格内向的人，以无言的行动感动对方，这样易于化解矛盾；而对性格外向的人，最好使用直截了当的方式，这样符合他们的性格特点。也可以通过书信形式，达到沟通目的。

听到妈妈的话，我仔细分析了一下我们争吵的原因，我决定，明天去学校主动与菲菲和好，然后用实际行动帮助她度过现在的困难期。

与好朋友分手，很伤心，怎么办？

致青春期女孩：
心理篇

假期到了，大家要分开两个月的时间，想想和菲菲有两个月的时间不能见面，就觉得难过。于是，我找到菲菲，问她什么时候有时间，大家一起出来玩。

菲菲看着我，一脸无奈地说，因为爸爸妈妈要上班，都很忙，她假期要去外地的姥姥家过。放了假就回去了，一直到开学前才能回来。

我听她这么说，更难过了。原来还想着在一个城市，能出来一起玩呢，现在这样，菲菲要离开，看来是玩不成了。

菲菲看我难过的样子，不断地劝我别伤心。说她有空就给我打电话，我们网络联系。

话虽如此，可我还是不开心。

两个人的悄悄话：

"熙熙，在好朋友离开的时候，你很想念，这说明你们之间有很深的友谊。妈妈很希望你们能够成为永久的好朋友，友情永远都像现在一样不会变质。"

"可是，永远有多远？"

妈妈听到我的问题，忍不住给我讲了一个故事。

小A、小B、小C、小D四个女孩是好朋友。从天南海北来到同一所大学后，四个好朋友便形影不离，不管缺了谁，就像一只漂亮的碗缺了个口子一样不完美。四年的时间，她们不但储蓄了丰富的知识，也储蓄了深厚的感情。彼此关怀，彼此信任，彼此倾诉。生活就像一张美丽的大网，而这四个女孩就在美丽的大网里编织着精彩的人生。转眼大学毕业在即，眼看就要各奔东西，女孩们恋恋不舍。可天下无不散之宴席，四年同窗终须一别。到了临别的最后一天晚上，四个女孩决定每人写上一句祝愿的话，放在一个罐子里，埋在她们经常去学习、玩耍的那棵大树底下，等到以后四个人聚在一起的时候，再把它挖出来，看看那些祝愿是否变成现实了。罐子埋好以后，怕被别人发现，女孩们又在上面铺了一层树叶，而后四人抱头痛哭了一场。

光阴似箭，一晃十年过去了。女孩们都已为人妻、为人母，同时也在各自的公司中担任着重要的角色。在这十年中，她们从没见过面。也许是生活的压力太大，工作的竞争太激烈，时间对她们来说变得尤其宝贵。在这紧张的空气中，友谊渐渐地被忽略，大树底下的祝愿也越来越模糊。

一次意外的机会又让四个女孩碰到了一起。一位海外华侨要回国投资大笔的资金以回报祖国，准备在自己的母校召开一个竞选会，届时将会在其中挑选一个公司作为投资对象。

这位华侨的母校正是她们的母校，小A、小B、小C、小D同时接到了这个消息，她们都对自己充满了信心，四个人带着全盘的把握与难以抑制的兴奋，踏上了去母校的路。

四个人没想到再次的重逢竟是这样的尴尬，一下子竟无所适从。眼看着离竞选会的日子越来越近，她们也顾不得重拾母校的风采与昔日的友谊，各自忙着准备材料以及各种各样对自己公司有利的业绩。她们的认真、仔细、真诚也着实给华侨留下了美好的印象。可是投资的对象只有一个呀，四个人都陷入了极度的烦恼之中。

在竞选前一天的晚上，她们又聚到了一起。四人沉默不语。本来都是想让其他三个人把机会留给自己，可到了一起，却怎么也说不出口了。最后还是小B提议说："还记得当年那棵大树下的祝愿吗？不如我们先打开看看吧。"大伙都同意了。于是趁着皎洁的月色，她们又来到了那棵大树下，大树依旧。四个人一起动手把罐子挖了出来，打开，又把一张张纸条打开。

四个人都震惊了，因为每张纸条上写着的竟是同一句话——"愿我们的友谊天长地久"。那一夜，四个女孩又抱在一起痛哭了一场。

四个好朋友做出了一个共同的决定,都放弃了这次竞选。之后,她们便分别离开了自己的公司,联合开了一个新公司,她们又重新找回了属于她们的友谊和生活。

有人说:"友情来自共同的事业。"有人说:"在家靠父母,出门靠朋友。"有人说:"患难见知己,烈火炼真金。"这些其实都有些偏颇。其实,真正的友情不依靠于事业、祸福和身份,不依靠经历、地位和处境,它在本性上拒绝功利、拒绝归属、拒绝契约,它是独立人格之间的互相呼应和确认。它使人们独而不孤,互相解读自己存在的意义。朋友就是互相使对方活得更加自在的那些人。

听到妈妈的话,我豁然开朗,已经不再为这件事情伤心了,因为,真正的友谊是经得起时间的考验的。

致青春期女孩：
心理篇

不喜欢现在的同桌怎么办？

新学期，老师给大家调了座位，让我非常郁闷的是，我没能和菲菲同桌，而是和"胡小闹"成了同桌。

胡小闹是外号，从这个名字里就可以知道这个人多闹腾了。

一大早上，他就开始嘴不停地说，只要班里有人进来或者发生点什么事，准有他出现。他每次出现，好像自备扩音筒，声音大得全班人都能听到。

别以为这就过分了，更过分的是上课的时候也堵不住他的嘴，一个劲地在那里巴拉巴拉地说，老师在上面讲，他在下边说。我想好好听课，他就故意捣乱。当我生气地瞪他时，他又嬉皮笑脸，一副不是故意的模样，真是让我不胜其烦，整天都郁闷得不行。我的成绩当然也好不了。真着急。

两个人的悄悄话:

当我把我的苦恼告诉妈妈,妈妈并没有鼓励我找老师调座位。

妈妈说:"每当想起旧日里的同学,总忘不掉那些往日在一起的欢乐时光,尤其不会忘记那些与自己朝夕相处、并肩作战的同桌。

"同桌之间,不管是同性还是异性,多半都会成为将来终生相契的好朋友,那一份至真之情不是昔日一张小小的课桌所能包容的,它往往是两个人的性格、爱好、意志的共同反映和体现。在和同桌相处的过程中,也同样需要两个人的包容、关怀和维护。熙熙,也许你的同桌把你看做是他的好朋友,所以和你才是无话不谈,无话不说。也许你的同桌性格毛躁、办事粗糙;也许你的同桌忘性太大,记性太差;也许你的同桌喜爱谈笑,却又缺乏幽默感;再或许你的同桌很喜欢你,找各种借口和你一起交谈、聊天……也许,这些"也许"都不成立,只有一种你或他知道的真正原因。但是,请你要相信一点,他希望和你和睦相处,成为要好的朋友。

"既然大家都是善意的,你为什么不能从自己身上找到一些原因呢?不管怎样,你对他的态度都是不够友好的,对吗?

"其实,在茫茫人海中,你和他能在同一所学校、同一个班级上课，已经实属不易了，又何况是成为同桌呢？也许这就是人们所说的缘分吧！两个本来没有什么联系的人，不经意被老师安排在了一处，也许彼此的性格并不相同，为什么不能相互影响、相互弥补一下呢？用你的文气为他增添一些内秀，用他的活泼来感染你的灵气。也许你们的爱好迥然不同，为什么不用你的小诗为他带去问候，用他的歌声为你带来祝福呢？两个人在一起相处，难免会有一些小小的摩擦和碰撞，只要从对方的角度，多替别人想。问题总能够解决的，这正是锻炼你如何与人相处、提高修养与涵养的好机会，不是吗？

"如果你的同桌确实是喜欢你，或者由于某些你现在还不愿意接触或不懂的原因才这样做的，你仍要对他坦诚相待，实在不行时再去求助老师，要以一些别人可以接受的方式，比如因视力等原因调换位子。记住，千万不要在背后说别人的坏话，不要过分伤害或是影响他的情绪情感，这样对你们都有利，对吗？"

致青春期女孩：
心理篇

不得不和好朋友竞争怎么办？

第三章 开在青春期的友谊之花

我和菲菲关系非常好，可是在排球比赛中被分到了相对的两个组，也就是说，在这场比赛中，我们将代表各自的队伍出战。

在比赛的过程中，我们两个人都在想方设法刁难对方，菲菲故意把球抛得很高，而我则使用快球，打得对方措手不及。

由于我抛球的速度过猛，球恰好打在菲菲的头上。看上去非常危险。

经过激烈的角逐，最终还是我们那一组赢了。

走下比赛场，我赶忙去看菲菲："刚才那一下，肯定把你打疼了吧。"

"嗯，刚被打中的时候是有点晕，现在没事了。你发球真是够迅猛的，我们都没有反应过来。"菲菲的话让我知道她并没有生我的气。

为了表示对菲菲的歉意，放学以后，我给菲菲买了个大大的

冰激凌。

两个人的悄悄话：

原来我还担忧会因为比赛成为对手而让我们俩关系生疏。现在才明白那句俗语的意思：不打不相识。人与人之间的友谊可能就是因为争斗而建立。而且友谊还会在不断的争斗中得到巩固，不断加深。

妈妈告诉我，双方经过交手而互相了解，更加投合，这种例子不胜枚举。最常见的就是武侠小说中的各路英雄，特别是结拜的兄弟，常常是因为误会而发生争执，但是当真相大白时，彼此又会互相欣赏而成为至交好友。

友谊的形成是一个方面，友谊的持续又是另外一方面。维持友谊往往比友谊的形成更加困难，因为这是一项长期的工程，需要精心呵护。人与人相处，难免会发生各种各样的摩擦和争斗。因为每个人的性格不同，处事的方法不同，了解的事情也不一样，因而在同一件事的认识上会发生这样或那样的偏差，误会也会随之产生。但是误会总是会消除的，在一番明争暗斗之后，才会发现友谊的可贵，曾经失去，才会倍加珍惜。互相包容，互相理解，容忍对方的小毛病，使小的争斗不至于扩大，不至于动摇友谊的根基。所以，争斗其实也有它积极的一面，但前提是争斗之后要妥善处理误会，吸取教训，修补裂缝，使友谊更加坚固。

从争斗中吸取教训，学会宽容。每个人都会有一些缺点，如果互相抱怨，互相指责，无法忍受对方，友谊就无从谈起了。

另外，在这样一个"物竞天择，适者生存"的社会，竞争无处不在，即使是再好的朋友，也可能会发生竞争。而竞争既可能是良性的君子之争，也可能是使用阴谋诡计而互相陷害，而我们要做到的就是，在竞争的时候始终不忘做人的基本原则，不要做出让人心寒的事情。这样才能在争斗过后，保持友好的关系。如果使用不正当的手段，就会让对方不齿你的行为，再也不会信任你，而友谊也就荡然无存了。因此，保持友谊的争斗应该是良性的竞争。而且，在竞争中双方能够互相学习，共同促进能力的增长，这样的斗争何乐而不为呢？

妈妈最后说，希望将来我能保持用宽容的心态来看待朋友间的矛盾，就会发现自己的人脉会越来越宽、越来越广。

不适应群体生活怎么办？

致青春期女孩：
心理篇

假期到了，我和同学们一起参加了夏令营。活动很美好，现实却很残酷，问题出在了哪里呢？

在夏令营，我们八个人住一个宿舍，这在平时我们这些都喜欢一个人一个房间的人来说，简直是受罪。

大家的生活习惯都不一样，有的人习惯早睡，有的人喜欢晚睡，有的人睡觉的时候喜欢一点光亮都没有，大家的习惯不一样，相处起来就多了很多矛盾。

晚上熄灯了，我们几个女孩悄悄地说话，聊聊白天有趣的事情，可是同宿舍的一个女孩就不让我们说话，她说她睡觉需要安静，我们只好作罢。

可是睡不着啊，于是我们几个人躲在一个蚊帐里看书，那个女孩又不乐意了，说我们有动静，还是打扰了她休息。

看她这样，我们彻底无奈了。

这让我们怎么办呢？

这人怎么这么矫情呢？

大家最后就用耳机听音乐，还是不行，她说还是有声音。我们当时都要气炸了。要不是班长一个劲儿地说团结团结，估计我们就啥也不在乎了，该干什么就干什么了。

夏令营几天，把我们折腾得够呛。

真是什么人都有。

两个人的悄悄话：

"熙熙，你刚刚开始过集体生活，有矛盾很正常，你也别太在意。当大家在一起生活的时候，应该懂得适度的理解和包容。只有这样，才可以相处愉快。"

妈妈告诉我，有时，人们总在感叹为什么自己的付出没有得到等量的回报，实际上也并不是你的付出不够多，而是你忽略了与别人合作。合作往往能产生意想不到的结果，而这一点总被人们忽略。

有三个和尚在破庙里相遇。

"这庙为什么荒废了？"不知是谁提出了问题。

"必是和尚不虔诚，所以菩萨不灵。"甲和尚说。

"必是和尚不勤，所以庙宇不修。"乙和尚说。

"必是和尚不敬，所以香客不多。"丙和尚说。

三人争执不下，最后决定留下来各尽所能，看看谁能成功。

于是甲和尚礼佛念经，乙和尚整理庙务，丙和尚化缘讲经。果然香火渐盛，原来的庙宇也恢复了昔日的辉煌。

"都因我礼佛虔心，所以菩萨显灵。"甲和尚说。

"都因我勤加管理，所以庙务周全。"乙和尚说。

"都因我劝世奔走，所以香客众多。"丙和尚说。

三人日夜争论不休，庙里的盛况又逐渐消失了。这时大家一眼就能看出，庙宇香火渐盛的原因，正是他们三个人的合作。可惜的是，到最后，三人即使分道扬镳也没有搞清楚这个简单的道理。

作为社会中的一员，谁也不能总是单独行动，有些事情靠一个人的力量是无法完成的。因为，每个人的能力总是有限的。

有些人精力旺盛，认为没有自己做不到的事。其实，精力再充沛，个人的能力还是有限的。超过一定限度，就是人所不能及的，也就是你的短处了。每个人都有自己的长处，同时也有自己的不足，这就要与人合作，用他人之长补己之短，养成合作的习惯。

刚开始进行人际交往的女孩需要明白，合作才能共赢，合作才是通往成功的一条捷径。

所以，不适应群体生活，也要让自己尽快适应，不要因为别人的错误就放弃了让自己融入集体。

致青春期女孩：心理篇

怎样和"刺头"同学交往？

我们班有个女生，干什么事情都特别冲。别人不小心碰了她一下，她也会大声嚷嚷；如果谁不小心闯入了她的地盘，她绝不会善罢甘休，非把人家整得道完歉还得道歉。

楠楠不小心碰掉了她的水杯，水杯掉在地上，但是并没有摔坏，那个女孩抓住楠楠好一顿骂，尽管楠楠一个劲儿地道歉，她还是不依不饶，看她这样，我们大家都很生气，觉得她有点小题大做了，再说都是同班同学，就一个水杯，摔了一下还完好无损，至于这样吗？

大家看她这样，背地里都叫她"刺头"，都没人搭理她了。

致青春期女孩：
心理篇

两个人的悄悄话：

"熙熙，我觉得你们这个同学有点报复心理，这在青少年中大有人在。"

听到妈妈这么说，我有点奇怪，什么是报复心理呢？

妈妈告诉我，报复心理是一种很不健康的心理状态，它不仅会对报复对象造成这样或那样的威胁，而且有害自己的心理健康。有报复心理的人，神经会经常处于亢奋状态，容易误解别人的意思，对别人总有一种戒备和防范的心理。这样发展下去，心胸就会越来越狭窄，社交面小，很难与人相处，内心也非常痛苦。

这种情绪潜藏着危险性。根据有关的调查，具有强烈报复心理的人是极少数，但是他们采取的手段具有极端性，比如恶意中伤、造谣诽谤、施以暴力，甚至是残害性命。具有一般报复心理的人并不罕见，且多数人不一定有公开的报复行为，仅存在一定的报复心理。

有些青少年在人际交往中存在不同程度的报复心理，不难发现，在社交中，有报复行为的人多半心胸狭隘、脾气暴躁，即文明水平比较低的人，他们常把战争中的"以牙还牙"和法律上的"正当防卫"移植到朋友间的人际交往中来，实在是不可取的。如果不注意克服，任其滋长，必然会导致严重后果。调适报复心理，可以从以下几个方面入手：

1. 学会忍耐和克制。

人在受到伤害的时候，只能有两种状态：一是反击报复；二是自我克制。在正常的人际交往中，一般极少出现大的伤害，多半是一些有悖于文明礼貌的出言不逊所引起的心理伤害。从有益于交际者身心健康和人际交往的正常行为出发，每一个参与交际的人都应当首先做到严于律己，坚持文明标准，把握好自己的一言一行，尽量不对别人造成伤害，万一有差错，就应该及时检讨自己，表示歉意。受到一点小小的伤害，也应该尽量忍让、克制。

2. 正确分析别人对自己的伤害。

即使是别人对自己的伤害，也要加以分析，弄清楚别人是有意伤害还是轻微伤害，是偶然伤害还是蓄意伤害，等等。对于一个青少年来说，即使是受到了伤害，是否立即实施报复，也要三思而后行，有时为了顾全大局或是需要时间弄清原因，就只能暂时忍一忍，否则，是得不到舆论支持的。总之，面对伤害，要头脑冷静，具体分析，具体对待。

3. 多考虑报复的危害性。

在实施报复行为之前，不妨仔细想想，实施报复，除了或许能从中体会到报复本身所带来的所谓"快感"并给对方造成危害外，还能得到什么？这一切不能不引起双方思考。

最后，妈妈让我审视一下自己有没有这种报复心理，就算再轻微，也一定要引起重视，不要让它影响到我的心理健康。看来，以后我也要注意自己的行为方式了。

致青春期女孩：
心理篇

和同学玩恶作剧要注意什么？

班里来了新同学，大家都在议论他为什么会来我们班。这个时候，喜欢恶作剧的淘淘走过去，很认真地做了自我介绍，然后说了以后有事需要帮助尽管开口一类的话。大家起初并没有在意，但是看到淘淘一本正经的样子和他平时喜欢恶作剧的习性相差太大了，大家都在默默地关注着他们。

新来的同学也在很认真地做着自我介绍，这个时候，我们看见淘淘在拍人家肩膀的时候偷偷地把一张纸条贴在了新同学的背上，纸条上写着："请叫我二百五。"

正在大家都惊讶得说不出话的时候，淘淘的脚又悄悄地把新同学的椅子往后挪了挪。俩人说完话以后，新同学并没有意识到危险的存在，他扑通一声就坐到了地上。

起初他并没有生气，但是他站起来后，背上的纸条惹得全班同学狂笑，他终于发现了淘淘贴在他背后的纸条，顿时，他脾气就爆发了，拎着淘淘的衣领就要揍他。这时候，班上几个男生才赶紧过去把他俩拉开。

这件事情后来还惊动了教务主任，教务主任把班主任也叫过去狠狠地批评了一顿。当然了，我们全班也被教育了。

这个玩笑真是开大了。

两个人的悄悄话：

我把这件事告诉妈妈，妈妈说："熙熙，有些玩笑能开，有些玩笑开不得。还有，开玩笑一定要适度。开玩笑确实能给生活增添欢乐，这一点是值得肯定的，但是不管什么事情，都应该有个度才行。生活不能没有玩笑，没有玩笑的生活是乏味的。生活中到处都是笑料，而玩笑正是生活乐趣的一种折射。在紧张的学习之余，同学们三五成群地聚集在一起，或以幽默的语言使人捧腹，或以诙谐的语言令人发笑，或以滑稽的动作使人动容，这自然是一件好事。"

妈妈又告诉了我好多道理。

开玩笑，无疑也是一种情绪调节和精神调剂。在学习空隙之余，大家说说笑笑，能使高度紧张的神经松弛下来，一句话能使大家前俯后仰、活络筋骨。

再说，开玩笑可以增进朋友关系、融洽感情，彼此接近，得到精神上的快慰。如果周围有一些心情开朗、性格乐观的朋友，并且善于开玩笑，大家就会感到与他们在一起心情很舒畅。不过，玩笑毕竟是玩笑，有些玩笑是开不得的。因此，在开玩笑的时候，要注意"六要""二不要"。

1. 这其中的"六要"：

（1）要笑得有趣，玩笑的内容要健康。开玩笑不仅是为了可以松弛一下神经，而且要能够做到让人在不知不觉的笑声中获得启迪，增长见识，增进团结，互相激励。如果内容庸俗，即使能够引人发笑，那种玩笑的格调也不高，也难以使人从心底发出笑声来。

（2）要笑得自然，看准对象。无论任何人，都有自己的个性。有的人天生就是乐天派，爱开玩笑；有的人性格孤僻，从来都是少言寡语；有的人高兴的时候，怎么都行，而情绪低落的时候，却听不得半句玩笑的话。如果不管三七二十一，一律对待的话，就会闹得不欢而散。

（3）要看时机。有的人平时也愿与人相互玩笑、逗乐，但是当他在苦闷、烦恼或者是不幸的时候，却需要同情、理解和安慰。如果我们不顾别人的需要，在人家烦恼时像平时那样的打趣、逗闹，可能会闹得双方不愉快，甚至发生争吵。

（4）要看场合。不可以不分时间、地点，完全凭兴致到处开玩笑。别人在聚精会神地思考问题，就不要去打扰，否则，会打断别人的思路。在严肃的场合，应该保持肃静，绝对不要开玩笑。

（5）要有分寸。你碰我一下，我推你一下，这种玩笑虽说无可厚非，但是如果逐步升级，你撞我一下，我就一定要打你一拳，你踢我一脚，我也一定要回敬你一脚，不讨便宜绝对不罢休。如果是这样，迟早会酿成悲剧。

（6）语言要妥当。不能以庸俗低级的言语来换取廉价的笑，不要以带有挑战性的、侮辱人格的话来讨别人的便宜。应该通过自己良好的语言素养，使别人在笑声中陶冶情操，得到美的享受。

2."二不要"：

（1）不要"恶作剧"。开玩笑应该以风趣说笑、和谐的戏谑为前提，而不应该"恶作剧"。像吹牛皮式的玩笑、以别人生理缺陷为话题的玩笑、揭别人短的玩笑，都是玩笑中的败笔。

（2）不要在吃饭的时候开玩笑。因为在吃饭的时候引人发笑，不仅有碍卫生，而且很容易因发笑而将食物吸入气管，甚至有可能造成食物堵塞而使人窒息猝死。

第四章

爸爸妈妈，请听听我的心里话

在爸爸妈妈眼里，孩子永远是小孩，父母要多指导他们。可是在孩子眼里，随着自己越来越大，父母的教导有时候被看成是多余的。对于青春期的孩子而言，叛逆大多由此而来。那么，被扣上"叛逆"帽子的孩子，该怎样和爸爸妈妈沟通呢？

致青春期女孩：心理篇

我青春叛逆，不是胡搅蛮缠

最近我很烦恼，总喜欢和父母对着干。前些天父母发现我在平板电脑上玩游戏，为了防微杜渐，就禁止我用平板电脑了，结果父母越制止、越训斥，我就越要对着干，结果就真的迷上了玩游戏。这种叛逆心理，我也感觉到奇怪，有时候明明也不想这么做的，可是一听到父母制止，就想对着干。我很困惑，不知道是不是所有青春期的孩子都多多少少有点叛逆心理呢？

两个人的悄悄话：

妈妈告诉我，叛逆是所有青春期的孩子的共同特征，几乎没有例外。但是，这并不意味着叛逆就是对的。青春期的孩子随着自我意识的加强，对父母、老师的管束开始反抗，这是可以理解的。但是如果变本加厉，无所顾忌，那就不对了。

此外，叛逆和任性是有区别的。叛逆，就是忤逆正常的规律，与现实相反，违背他人的本意。叛逆是一种"长大了"的感觉，是一种强烈的自我表现欲，在思维形式上属于"求异思维"，是标新立异，希望引起别人注意的表现。

任性，是指听凭秉性行事，恣意放纵，以求满足自己的欲望或达到某种不正当的目的，执拗使性，无所顾忌，必欲按自己的愿望或想法行事。

有时，青春期女孩的表现是一种叛逆，但有时却是在叛逆的"名义"下的彻底的任性，这就不可取了。叛逆可能带来思维上的突破，但是任性则一定会犯错，而且是毫无意义地犯错。

日本企业家井户出生在静冈县山坳中的一个贫寒家庭里，父亲是雇工，靠帮人采伐木材的微薄收入勉强维持着一家人的生计。母亲做临时雇工，收入非常低。他们希望井户能尽快找一份安稳的工作，挣工资贴补家用。但是，井户有自己的理想，他理解父母的心意，可他知道，要想实现理想，就一定要有知识，要坚持上学。母亲怪他不懂事，可他仍坚持己见。

初中毕业后，井户决定去滨松市工作。为此，他又与父母发生了激烈的争吵，父母不希望他离家太远，可井户认为那里更能实现他的理想，他的又一次叛逆使他毅然离开了家。而这一次的选择彻底改变了他的人生道路。

叛逆表面上看起来是和父母对着干，但这种对着干不是毫无道理的，如果能够坚持自己的理想倒无不可，如果只是为了对着

第四章 爸爸妈妈，请听听我的心里话

干而对着干，那就不可取了。

青春期的女孩要牢记一点：不能因为你叛逆得确实有道理，就得理不饶人，一味地顶撞父母。你要以理服人，据理力争。

当爸爸妈妈被你说服时，他们会因此同意你的观点或行为。否则，你的"反叛"很可能会以失败告终。

叛逆是一种成熟的标志，你的人生不属于你的父母，只属于你自己。你要依靠自己的精神和行动去创造自己的独特人生，展示在家庭中的价值。这就需要做一个明智的"叛逆者"。

致青春期女孩：
心理篇

为什么青春期会"逆反"?

第四章 爸爸妈妈,请听听我的心里话

最近爸爸妈妈说的话我总是不想去听,他们越要求我干事情,我就越烦。

其实,我在家里一直是个非常听话的好孩子,爸爸妈妈让做什么,我就做什么,从来不惹爸爸妈妈生气。可是自从上中学之后,情况发生了变化。有一天,我放学回到家里,妈妈已经把饭做好了,正在等我回来一块吃饭。看见我回来,妈妈就说:"熙熙,你把爷爷奶奶叫来,该吃饭了。"可是我却脱口而出:"我不去。"妈妈说了我几句,我竟然跟妈妈吵了起来。妈妈说我进入了叛逆期。我这到底怎么了?

两个人的悄悄话：

妈妈告诉我，像我这种"异常"反应并不是个例，几乎每个成长中的孩子都会经历那么一段反抗期，只是每个孩子的表现形式不同罢了。为什么会这样呢？

其实，青春期孩子的反抗来自对自我意识的强调。孩子两岁以前，大人让他怎样他就会怎样，但是过了两岁，他就有了自己的想法，不再那么顺从地听父母的话了，这是第一个反抗期。

青春期是第二个反抗期，随着自我意识的增强，青春期孩子力求维护自己的良好形象，追求独立与自尊。但是他们的一些想法是不符合客观实际的，因此会屡受挫折。在这种情况下，他们就会产生一种偏激的想法，认为他们行动的障碍来自成人，包括自己的父母，于是产生了反抗心理。主要表现为：对父母和老师有明显的反控制和对抗心理，即你要求我这样，我偏不这样。

另外，他们也可能对教育者的建议和意见采取漠不关心的态度，装作没有听到。最常见的表现有，孩子对家长的要求明确表示反对："不行，我不去！"要么就是装作没听见，不吭声。

那么，这种反抗心理是什么原因导致的呢？除了上面提到的自我意识高涨外，还有其他一些原因。

1. 青春期孩子的中枢神经系统过度兴奋。

科学研究表明：只有中枢神经系统的功能与身体外围相应部

分的活动达到协调时，个体的身心才能处于和谐的状态。但是，青春期孩子的中枢神经系统处于过分活跃的状态，使他们对于周围环境的各种刺激，包括别人对他们的态度等表现得过于敏感，反应也过于强烈。

2. 独立意识增强。

青春期的孩子迫切地希望独立，他们会将父母的任何关照和支持看作是自己获得独立的障碍，将别人的指导和教诲看成是对自己发展的束缚。为此，他们对任何一种外在的力量都存有不同程度的排斥倾向，因而会出现反抗心理。

反抗心理会导致青春期孩子对人对事多疑，会形成偏执、冷漠、不合群等病态性格，使之出现信念动摇、理想泯灭、意志衰退、工作消极、学习被动、生活萎靡等现象。如果进一步向前发展，还可能向犯罪心理和病态心理转化。

所以，青春期的女孩一定要知道反抗心理带来的一系列不良后果，因此要学会积极调整自己的心态，试着从父母的角度去考虑问题，试着以平和的态度与父母沟通交流。慢慢地，随着女孩逐渐长大，理解能力也会日渐增强，反抗心理自然也就消失了。

致青春期女孩：
心理篇

我长大了，不要对我大喊大叫

画画的时候，我不小心把颜料洒在了衣服上，突然间就很烦。妈妈看见我把衣服弄脏了，也过来对我一通臭骂。

"怎么搞的？你还是小孩子？怎么把衣服弄成这样？你不洗衣服，一点都不知道尊重别人的劳动。我整天忙不完的家务活，把你伺候不完……"

妈妈越说越气，越说越激动，声音也越来越大。

看着妈妈的样子，我突然觉得她越来越陌生。我感觉非常无力，直接就回到了自己的房间，不想再多说一句话。

两个人的悄悄话：

等妈妈冷静下来，她向我道歉，并告诉我，像今天这种情景，相信在很多家庭中并不少见，很多人小时候，都被父母这样呵斥过。

妈妈还告诉我，像今天这种指责式的教育方式，不但起不到很好的教育作用，反而会引起子女的反感，尤其是青春期的女孩，正处于逆反心理极强的时期，对父母的这种指责甚至会产生憎恨感，与父母形成对抗心理。所以，妈妈说，她以后会尽量控制自己。

斥责会带给青春期孩子很多负面影响。

1. 孩子觉得父母不喜欢自己。

孩子犯错后，自己内心也会很自责，如果再受到大人的责备，就会让孩子觉得父母不爱自己了，自己被排斥、被冷落。

2. 影响性格。

若孩子长期承受着巨大的心理压力，并常常惶恐不安，那么，性格就容易变得内向、被动、依赖、遇事没有主见，凡事都只会等待大人的命令，而不敢自行做出判断。这不仅会影响孩子独立性的发展，也会对孩子思维能力的发展产生不良影响。

青春期的女孩要正确认识父母的斥责。首先要理解父母当时的心情，询问父母是否遇到了什么不愉快的事情，心情受到了影响。其次，要反思自己的行为，看看自己的错误究竟在哪里，有则改之，无则加勉。

我应该有独立的想法了

下面是菲菲告诉我的有关她过生日的事情——

她的生日马上就要到了，妈妈带她去商场选生日礼物。

她看上了一个漂亮的包，妈妈对她说："你还是一个小丫头，要什么包啊，等你长大些再要吧。"

看着漂亮的小包，她忍了忍，又挑了一把漂亮的梳子，说是能除静电还能防止掉头发，她想买，妈妈看了看说："这么一把梳子就要几百块，太贵了，不行不行。"

她越来越不想逛了。

"闺女，看看这个裙子，简单大方。"

她瞅了瞅妈妈拿的裙子，真不喜欢啊。这一款不是现在流行的。

妈妈说什么，她都不想争论了，她低着头，什么话都没说。

两个人的悄悄话：

妈妈告诉我，很多时候，父母貌似是让我们自己拿主意，事事征求我们的意见，然而，当我们真正做决定的时候，父母却又摆出各种理由让我们改变主意，接受他们的主观判断。

就像上面菲菲的事例一样，妈妈想表现自己的关爱——让孩子自己选一个生日礼物，可是，在孩子选的时候，她总是用自己的经验"横加阻拦"，最后落得个不欢而散的结局。

在孩子看来，这是父母把自己的想法强加给自己。尤其对渴望独立的青春期女孩而言，更是如此。所以，最终反抗、叛逆，使原本美好的事情一塌糊涂。

对于青春期女孩来说，渴望独立，希望自己做主，也希望父母给自己一些这样的机会，在不违反原则的前提下，让自己通过尝试来获得真实的体验。也许，结果不是最重要的，最重要的是体验过程中的惊喜及感动。

第四章　爸爸妈妈，请听听我的心里话

致青春期女孩：
心理篇

我不想被唠叨

菲菲说她最近总是在琢磨一个问题，不知是她变得敏感了，还是她妈妈变得啰唆了？总是觉得她妈妈唠叨，一个问题总是啰里啰唆。针对一个问题，她妈妈总是不断地说、不断地提醒她。

明天有个活动，需要穿统一的服装。她妈妈一听就唠叨开了。

"现在学习这么紧张，马上要考试了，哪里有时间去办这些事情？你说你们整天搞这没用的，对学习能有一点帮助吗？还要统一服装，这不是浪费精力、浪费钱财吗……"

她妈妈还在那里唠叨……，可是，菲菲真是一点都不想听了。

两个人的悄悄话：

妈妈告诉我，心理学上有一个名词叫"超限效应"，指的是刺激过多、过强或作用时间过久，而引起的心理极不耐烦或逆反的心理现象。父母的唠叨对青春期的女孩而言，就是超限效应的结果，因为，几乎所有的孩子对父母的唠叨都是"深恶痛绝"。

心理学研究证明：老调重弹，反反复复地说同样的话，会让人产生一种习惯性的模糊听觉，也就是明明在听，却根本入不到心里去。这是长期重复听同样的声音而产生的一种心理上的麻木。

处于青春期的女孩已经有了独立思考的能力。她们有判断是非的意识和对事情的见解，只是有可能会经常过分地自以为是：以为自己从各种媒体或者同学朋友处接受信息就足够了，对于那些已经听了数年之久的父母之言不再耐烦。再加上学业的压力，更会对父母及家人的唠叨式教育产生反感。

作为青春期的女孩，需要与父母坐下来谈一谈自己心中的想法，让父母了解一下女孩的真实感受。相信，当双方彼此都静下来的时候，就是解决问题的时候。

第四章　爸爸妈妈，请听听我的心里话

我和父母之间多些耐心就好了

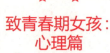
致青春期女孩：心理篇

我和妈妈的关系向来都很好，可是最近，不知道怎么回事，我和妈妈常常无缘无故就起了战争。

晚上，一家人坐在一起吃饭，我不经意地提到班里的一个男生，我说："他个子高高的，长得帅极了，尤其是打起篮球，头发飘飘的，我们班的女生都觉得他好帅。"

我话还没说完，妈妈就把碗往桌上重重地一摔，冲我发起脾气来。"不把心思用在学习上，你关注人家男生干吗？这么大的女孩了，也不知道害臊！你能有什么出息！"

妈妈的反应着实惊到了我。妈妈原来不是这样的啊，她这是怎么了？我没犯什么错啊。想到这里，我的火气也腾的上来了。

"我怎么了，我又怎么没出息了，你就是看我不顺眼！"

说完，我扔下筷子，跑进了自己的房间。

关上门，我开始想，我到底哪里做错了？我犯什么错了？妈妈这么说我,她还是原来那个老是帮我解决问题的妈妈吗?妈妈这样做到底为了什么呢?

在房间外,妈妈还在跟爸爸说着我的种种不对的做法,我在屋里很难受地躺着,根本学不进去。

爸爸吃完饭,来找我聊天,看我很不高兴,就开导起我来。

两个人的悄悄话:

爸爸告诉我,妈妈最近工作上遇到了不顺心的事情,所以脾气有点大,爸爸让我多体谅体谅妈妈,不要老是跟妈妈对着干。我听到这里,并没有觉得爸爸说的有什么道理。

爸爸接着说,父母应该对孩子有耐心,反过来,孩子也应该对父母多一些耐心。为什么要这么说呢?这是因为由于矛盾的不断出现和加深,常常使家长和孩子都处于很痛苦的状态。其实,在这两个特殊的生理周期内,使亲子关系正常化的最好办法就是亲子双方都理解一下对方。

比如对于今天的事情,爸爸接着告诉我,妈妈很努力地工作,得到了一个很宝贵的进修机会,可是,妈妈考虑到我学习紧张,要是离开半年去进修,害怕耽误了我学习,所以妈妈只能让给别人。爸爸说妈妈挺难过的,让我多体谅妈妈。我知道了事情的经过,已经不生妈妈的气了。

后来爸爸又说,在亲子沟通的过程中,不仅仅家长需要耐心，孩子同样需要有耐心。

是啊，爸爸妈妈用言语和行为表达对孩子的爱，我也要表达对爸爸妈妈的爱。

爸爸妈妈让孩子宣泄不良情绪，作为孩子的我，也要让爸爸妈妈能够发泄一下他们的负面情绪。

爸爸还说，家，是一个可以自由表达的地方。孩子能够自由表达，也要允许父母自由表达。

作为父母，应当学会倾听孩子的心声。当孩子提到某些不愉快的经历，需要"发泄"自己的负面情绪时，一定要认真倾听，适时表示理解和接纳，不要急于做出自己认为正确或错误的判断，不要给孩子讲大道理。这一条同样适用于孩子。只有家人之间都相互体谅，才能让家变得更加温暖。

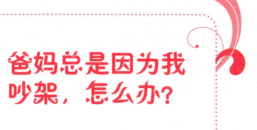

爸妈总是因为我吵架，怎么办？

第四章 爸爸妈妈，请听听我的心里话

"我真的不明白，爸爸妈妈为什么不了解我真正在想什么？为什么他们要干涉我的思想？总是要我顺着他们指好的路往下走？而且他们总是为了我争吵不休，天天吵得我烦都烦死了。那个家，我是再也不想回去了。我不是躯壳，我有灵魂，我也有我的思想；我有大脑，我也会自己思考。"

我听着菲菲在那里抱怨着，满脸的忧郁。这和我平时见的阳光快乐的菲菲简直是判若两人啊。听着菲菲的抱怨，我告诉她，这是家庭氛围的问题。我觉得好的家庭氛围对于我们各方面来说都是有利的。我觉得我家的家庭氛围就比较好，大家有话都可以说，菲菲觉得我说得不对，我就给她讲起了我和我爸爸妈妈的故事。

在我的家里，父母既是家长，又是我的朋友，我们之间无话不谈。

有一次，爸爸问我："你将来要做一个什么样的女性？"

"我要做一个有点叛逆性格的女性,现在有很多女性太顺从了,所以经常会受到男性或社会的欺负。"

"不错、有想法,不过也不要太叛逆呀,太叛逆,小心将来嫁不出去。"爸爸开玩笑地说。

"爸爸,你放心吧,我有分寸的,我所谓的'叛逆',更多的成分是'有主见',这样,不管做什么事情,我都不会受别人摆布!"

爸爸对我的观点也十分认同。

菲菲听完我讲的事,觉得要好好地跟她爸爸妈妈谈一谈,希望她爸爸妈妈也能像我爸爸妈妈那样能够尊重她的想法。

两个人的悄悄话:

菲菲回家和她爸爸妈妈谈了自己的想法,希望爸爸妈妈以后能给她更多的决定自己事情的权利,希望有事情一家人商量着来,而不是爸爸妈妈通过争吵得到一个结果。

爸爸妈妈听完她的话,大家决定:

以后家里的事情,菲菲也要参与讨论,关于菲菲的事情,要多听从菲菲自己的意见。

尽量让家里的气氛更加民主,即使是敏感话题,大家也要坦诚地说出来。

后来菲菲告诉我说,从那以后,她家的气氛好多了,爸爸妈妈再也没有因为她的事情吵架,而是有什么事情都尽量听从她的意见。

第五章

躁动的青春，阴晴不定的我

每个人都有发泄情绪的权利，当然，青春期的孩子也一样。可是，随着年龄的长大，十几岁的孩子不可能再像小孩子那样想哭就哭、想笑就笑，当然，她们也没有处理坏情绪的经验，那么，出现不好的情绪该怎么梳理呢？

青春期的心总是躁动难安

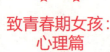
致青春期女孩：
心理篇

"妈妈，我想学钢琴。"

"妈妈，我想学舞蹈。"

"妈妈，我想学陶艺。"

"妈妈，我想学油画。"

"妈妈，还是水彩好画一些，我想学水彩。"

……

当我向妈妈提出我想学古筝的时候，妈妈领着我在房间里转了转。

好久没弹过的钢琴上已经摆满了各种杂物，一堆堆的绘画材料堆在墙角，还有各种舞蹈裙，没错，就是有那么多好久没用的东西，所以，这次，妈妈不同意买古筝。

她并不是因为怕花钱，而是怕我又跟原来一样，不好好学，开个头就没了下文，心里到处都是浮躁。

听到妈妈这么说，我也没有反驳的理由了。

两个人的悄悄话：

"熙熙，现在好多女孩都是这样，看见什么都想学，但是往往开了头，就没了下文，根本坚持不下去。这种情况，与明代边贡《赠尚子》一诗里的描述非常相似：'少年学书复学剑，老大蹭蹬双鬓白。'意思是说，有的年轻人刚要坐下来学习书本知识，又要去学习击剑，如此浮躁，时光匆匆溜掉，到头来只落得个白发苍苍。熙熙，你一定不要当这样的女孩。"

听到妈妈的话，我心里还真有点心虚。妈妈告诉我，太过于急躁，会使我们离成功越来越远。但是现在渴望一夜就实现梦想的人实在太多了。浮躁心理成了当前一些青少年的通病之一，表现为行动盲目、缺乏思考和计划、做事心神不定、缺乏恒心和毅力、见异思迁、急于求成、不能脚踏实地。

浮躁的人自我控制力差，容易发火，不但影响学习和事业，还影响人际关系和身心健康，其害处可谓很大。轻浮、急躁，对什么事都深入不下去，只知其一，不究其二，往往会给学习、生活带来损失。不浮躁，就是要踏实、谦虚，戒躁，就是要求我们遇事沉着、冷静，多分析、多思考，然后再行动，不要这山看着那山高，干什么都干不稳，最后毫无所获。

《郁离子》中有个故事说，郑国有个人住在边远的地区，

三年学习做雨具，好不容易学成了，可天太旱，无雨，雨伞没有用，自然没人买。于是，他就放弃了做雨具，改学做汲水的工具，学了三年，手艺又学成了，却逢天雨不断，汲水工具没什么用，只好又回去干做雨具的老本行。可是此时盗贼四起，人们都急需军服兵器，他又改行去做兵器，手艺学成，又失去时机。可见，要想真正地有所作为，浮躁不可不戒。下面一些方法可以帮助青少年戒掉浮躁的坏习惯：

1. 多读一些书，找到自己浮躁的根源。

例如，读曾国藩的《养心经》，或者学习书法，让内心趋于平静。

2. 学着知足常乐。

比上不足，比下有余，从中获得自足、宁静。

3. 自我暗示。

自我暗示是控制情绪的一个简捷而实用的好方法。例如，你可这样暗示自己：无论面对怎样的处境，总会有一种最好的选择，我要用理智来控制自己，绝不让情绪来主导我的行动。只要我善于控制自己的情绪，我就是一个战无不胜、快乐的人。

4. 在开拓当中要有务实精神。

要实事求是，不自以为是，踏踏实实，做好每一件事情；遇事要善于思考。考虑问题应从现实出发，不能跟着感觉走，命运应掌握在自己手里。道路就在脚下，切实做一个踏实的人。

致青春期女孩：心理篇

在外面受了委屈该怎么办？

第五章 躁动的青春，阴晴不定的我

回到家，想到今天被老师批评了，我一脸不高兴。妈妈看着我很奇怪的样子，知道我又在哪里出了问题。

在妈妈的询问下，我一五一十地把今天发生的事情告诉了妈妈。

今天上课的时候，我正在认真听讲，同桌的笔掉到我的座位下边了，她够不到，就让我帮忙拿。这样的小事，我很快就帮他干完了。我递给她笔的时候，她冲我说了"谢谢"。

这个时候，数学老师喊我回答问题，我刚刚在捡笔的时候没听到老师问的是什么，当然回答不上来了。数学老师就说我上课不好好听讲，跟同学在下面聊天，让回答问题也回答不上来。

我觉得自己被冤枉了，很生气，就跟老师说，我没聊天，就是帮同桌捡了一下笔，可是数学老师不信我说的话，还把我的事情告诉了班主任，班主任把我叫到办公室批评了我一通。

我真是太冤了，回教室就把脾气都撒到了同桌身上。帮助她，最后我被批了两次，她什么事没有，结果我和同桌闹得也很不愉快。

两个人的悄悄话：

致青春期女孩：
心理篇

妈妈听完我的话，告诉我，帮助同学没有错，但是老师让回答问题，回答不上来，就要认真想自己刚才为什么不先把笔借给同学呢？等下课再捡？这样做的话，也不会发生被批的事情了。被老师批评以后，有则改之，无则加勉，跟老师顶嘴就错了。最后，妈妈说我自制力不好。

妈妈还告诉我，自制力强的人，能够理智地对待周围发生的事件，有意识地控制自己的思想感情，约束自己的行为，成为驾驭现实的主人。

对于青春期的孩子来说，自制力就更加重要了。自制是日常行为的一把保险锁，它要求我们能够以理性来平衡自己的情绪，接受理性的指引，先"谋定而后动"，管住自己的言行和举止，而后引导所有积蓄的力量流入成功的海洋。

相反，如果一个人有缺乏自制的习惯，总是让自己的情绪主导着一切，口无遮拦，行无规矩，随心所欲，没有规划，也不会有目标。那样的话，要么他所有的努力如同脱缰野马，根本控制不了，也达不到既定的目标；要么他的行为与环境格格不入，最终也到达不了成功的彼岸。

自制力弱的人，遇事不冷静，不能控制激情和冲动；处理问题不顾后果，任性、冒失。这种人易被诱因干扰而动摇，或惊慌失措。自制力是一种克制或节制，自我约束是一种美德，是文明战胜野蛮、理智战胜情感、智慧战胜愚昧的表现。

自制力能使生活之路变得平坦，还能开辟出许多新道路，如果没有这种自制力，就不能有所创新。在政治上，春风得意的人并非因为天赋非凡，而是因为性情的非凡才使他获得成功。如果我们没有自我控制的能力，就会缺乏忍耐精神，既不能管理好自己，也不能驾驭别人。

自我控制的能力是高贵品格的主要特征之一。能镇定且平静地注视一个人的眼睛，甚至在极端恼怒的情况下也不会有一丁点儿的脾气，这会让人产生一种其他东西所无法给予的力量。人们会感觉到，你总是自己的主人，随时随地都能控制自己的思想和行动，这会给你品格的全面塑造带来一种尊严感和力量感，有助于你品格的全面完善。

我总是不高兴

致青春期女孩：
心理篇

重感冒把我留在了家里，不能去上学。看书无聊，看电视也无聊，要有同学陪伴多好。

那么，一整下午做点什么好呢？

一个人的时光真的这样难熬吗？想到这里，心情一下低落了很多，我的眼泪不禁啪嗒啪嗒地落了下来，真希望自己能够赶快回到学校，能和小伙伴们在一起。

我给妈妈打电话诉苦："妈妈，你什么时候回来啊？我在家里无聊死了。"

妈妈在电话的那一头安慰我说："熙熙，你的病还没好？好好休息，妈妈晚上会准时回家的。"

"妈妈，我已经不难受了，一个人待着觉得没意思，不知道做点什么。"我对妈妈说。妈妈问我"难道一个人就不能做些有意思的事情吗？怎么会觉得没有意思呢？""如果你不难受了，可以做点自己喜欢做的事情，又没有人打扰你，不是很难得的时间吗？对了，你以前不是说想找个清闲的时间自己做多面相框吗？现在就弄吧，等你做好了，妈妈也到家了。"

"好主意。"听到妈妈的话，我马上从床上爬了下来。

有事情干的感觉挺好。

两个人的悄悄话：

妈妈告诉我，好心情在一个人的生活中是无比重要的，然而，不是每个人都能带着好心情来度过每一天。人们常常会遇到不高兴的事情，从而背负上坏的情绪。

每个人都希望"一帆风顺"，可是生活也有酸甜苦辣。面对人生烦恼和时代变化所带来的困惑，面对疾病的纠缠、追求的失落、奋斗的挫折、情感的伤害、学习的压力等困扰，人们的不良情绪就会油然而生。这时，你必须努力让自己快乐起来。

可以尝试用以下一些方法让自己心情好起来。

1. 听一些美好动听的声音。

高山流水、鸟语花香都是天籁之音，可以让人心旷神怡，让人感受到大自然的亲切。海浪声、滴水声、下雨声、蝉鸣声、鸟啼声，都是大自然的优美音乐，非常悦耳动听，能够镇静人的情绪，松弛人的身心。

美国科学家也做了类似的实验：给不同温室里的植物播放

不同的音乐，如欧洲经典音乐、印度音乐和摇滚乐等。实验结果表明，效果最好的一组是欧洲经典音乐，植物长得很茂盛，并按着音乐来源的方向生长。离音乐源最近的植物都会绕着扩音器生长。印度音乐、爵士音乐效果也很好，而效果最差的是摇滚乐，植物生长得不好，经过两个星期，有些植物竟然枯萎了。

以此类推，音乐对人也能产生良性影响。科学研究证明：与身体节奏相一致的音乐会使脑电波更有规律，使之达到大脑思维的最佳状态，让左脑与右脑同步协调，使上下脑增加沟通，最后让整个大脑的潜能逐渐地发挥出来。

因此，听音乐的时候，尽量不要去想不高兴的事情。在音乐的作用之下，脑电波会减慢或协调起来，使整个大脑处于放松的状态。潜意识对正面暗示比较容易接受。而此时的脑海里，最好浮现一些美好的景象，以避免负面暗示的不良影响。

当一个人听到自己喜欢的音乐时，呼吸就会加深，神经就会松弛，疲劳便会得以消除。欣赏音乐，可以使人浮想联翩，随着音乐的优美旋律去"云游"四方。这样，就可以通过音乐尽情享受自由的心境。

2. 给心情放假，不要自寻烦恼。

有很多女孩，她们常把"放牛班、劣等生……"等名词套在自己身上，造成自我否定的现象。她们会说，"我在别人面前会脸红""我在学校的功课不比别人好"……医生们发现：她们只是在异性面前才会脸红，或功课只有某一科不好而已。她们用一些负面的词造成了自己负面的心理暗示，进而造成自己吓自己的

致青春期女孩：
心理篇

负面形象。

3.使用肯定句，这一点极为重要。

如果你说，"我不要挨穷"，虽未言"穷"，但这种消极的语言会将"挨穷"的观念印在你的潜意识里。因此，你要正面地说："我越来越富有。"当你有比较大的内心冲突和烦恼时，安慰自己"一切都会过去"。遇到挫折时，不妨先坐下来理一理头绪，看一看问题究竟有多少，切不可让它充塞在头脑里而成为一堆乱麻。应该时刻告诉自己："我能胜任！"

或者"我可能会失败，但是失败是成功之母，只要坚持下去，一定会成功！"不论遇到什么样的阻力，要保持自己良好的精神状态，要坚信："别人能办到的，我也能办到！"慢慢地，你就会被自己所鼓舞，心情就会好起来的。

德山禅师在尚未得道之时曾跟着龙潭大师学习，日复一日地诵经苦读，这让德山有些忍耐不住。一天，他跑来问师父："我就是师父翼下正在孵化的一只小鸡，真希望师父能从外面尽快地啄破蛋壳，让我早一天破壳而出啊！"

龙潭笑着说："被别人剥开蛋壳而出来的小鸡，没有一个能活下来的。鸡的羽翼只能提供让小鸡成熟和有破壳力量的环境，你突破不了自我，最后只能胎死腹中。不要指望师父能给你什么帮助。"

德山撩开门帘走出去时，看到外面非常黑，就说："师父，天太黑了。"龙潭便给了他一支点燃的蜡烛，他刚接过来，龙潭就把蜡烛吹灭。

第五章 躁动的青春，阴晴不定的我

他对德山说："如果你心头一片黑暗，那么，什么样的蜡烛也无法将其照亮啊！即使我不把蜡烛吹灭，说不定哪阵风也要将它吹灭啊。只有点亮了一盏心灯，天地自然一片光明。"

德山听后，如醍醐灌顶，后来果然青出于蓝，成了一代大师。

其实，像德山开悟成佛一样，一个人想拥有快乐的心境，自己要学会清除心理垃圾，下意识地为心灵松绑，点亮自己的心灯。否则，快乐的梦想只能"胎死腹中"。

心灵就是一座炼金的熔炉，快乐就在其中，只要将其熔炼，快乐就会闪闪发光。给你的心情放个假，让它在轻松的氛围中呼吸新鲜的空气，你会拥有一份更美好的生活。

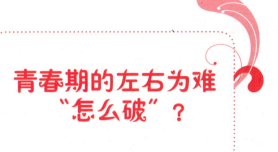

青春期的左右为难"怎么破"？

第五章 躁动的青春，阴晴不定的我

夏天的夜晚，吃完晚饭，妈妈约我去散步。

"妈妈，我的作业还没写完，我要先写作业。"妈妈听完我的话，轻轻地点了点头，和爸爸出去散步了。

看着爸爸妈妈走出家门，我就想，刚才应该答应妈妈，先散步，等回来再写作业也不晚。想到这里，我就没心思写作业了。

可是刚想走，想起来今天老师留的作业挺多的，大概需要两个小时才能写完，我要是现在出去，估计就没时间写完了。怎么办呢？

想到这里，我又坐到书桌前写起了作业。

等到爸爸妈妈回家时，我已经写得差不多了。

我和妈妈讲了我刚才的想法，没想到，妈妈笑了。

两个人的悄悄话：

妈妈说，我学会了选择和放弃。

放弃是一种智慧。在忙碌的生活节奏中，放弃一些东西，可以让你有时间享受另外一些轻易不能够得到的东西。正如父母经常会放弃聚会，选择陪你在家里过周末，这是他们对你的爱的表示。你与父母在一起，深深地体会到这份爱，也会将这份爱以另一种方式反哺给父母。学会放弃，放弃一些东西，我们会发现不一样的美丽。

接着，妈妈给我讲了一个故事。

柏林爱乐乐团素有"世界第一交响乐团"之称，而它的首席指挥也素有"世界第一指挥"之称，因此，柏林爱乐乐团首席指挥的位置几乎是所有指挥家的梦想。然而，当柏林爱乐乐团决定聘请英国著名指挥家西蒙·布特尔担任首席指挥时，布特尔却出人意料地拒绝了。许多人都对布特尔的放弃感到不可理解。对此，布特尔说："柏林爱乐乐团是以演奏古典音乐而闻名于世的，而我对于古典音乐的理解还不够透彻，如果我接受了邀请，恐怕不能带领柏林爱乐乐团迈上一个台阶，反而会起到阻碍作用。再好的机会，如果你没有能力把握，那么还是放弃为好。"

这之后，布特尔默默地学习研究古典音乐。经过10年的努力，布特尔以对古典音乐的不懈追求和透彻理解及自己精湛的指挥和表

致青春期女孩：
心理篇

演一次次取得了成功，令听众为之倾倒。当他再一次接到柏林爱乐乐团的邀请时，布特尔没有丝毫惊讶，也没有丝毫犹豫，毅然接受了邀请。他以自己出色的指挥，创造了音乐史上一个又一个奇迹。

生命有涯，而以有限的生命去追求现实世界那无限美好的万事万物，必须加以选择，学会放弃。放弃是一种智慧，一样东西再好，如果客观条件不成熟或者主观上还没有能力把握，那么还是放弃的好。

布特尔第一次拒绝出任首席指挥就是如此。

懂得放弃的人，知道什么该放弃，什么不该放弃；他们既不盲目追求不属于自己的东西，也不轻易放弃属于自己的东西。放弃该放弃的，那是勇气；不该放弃的不放弃，那是豪气；该放弃的不放弃，那是小气；不该放弃的放弃，那是傻气。

放弃是一种智慧，放弃不等于抛弃。抛弃是一种妥协，是一种让步，是一种彻底的失败。放弃是一种超脱，是一种激励，更是一种策略——为了腾出空间来接纳其他更多、更好的东西。布特尔第一次的放弃，使他有更多的时间去学习研究古典音乐，为他再次接受柏林爱乐乐团的邀请，担任首席指挥，创造音乐史上一个又一个奇迹奠定了基础。正是他第一次的放弃，成就了他最后的成功。

我总是犹豫不决，担心错过

期末的文艺会演，我看到我们同学弹钢琴弹得那么好，萨克斯吹得那么棒，还有楠楠的芭蕾舞，让她变得非常耀眼。看着他们，我突然很想很想再好好练练钢琴，再好好学学古筝，下一次晚会，我也争取演奏一曲，我还想学学我国的民族舞蹈，和楠楠一样在舞蹈中展现自己的光环。

我今天想着学这个、明天想着学那个，到头来，我发现我什么都没学会。妈妈告诉我，要知道自己真正想要的是什么，是啊，我最想要的是什么呢？

在这种不断的犹豫中，时间已经悄悄溜走了很多。

原来，我最需要的，是当机立断。

两个人的悄悄话：

妈妈告诉我，宋人张泳说："临事三难：能见，为一；见能行，为二；行必果决，为三。"当机立断的另一方面，并非仅仅指进攻和发展。有时，按兵不动或必要的撤退也是一种果敢的行为，该等待观望时就应按兵不动，该撤退时就要撤退，这也是一种当机立断。你一定知道"夜长梦多"这一俗语吧。它指的是做某些事时，如果历时太长，或拖得太久，就容易出问题。"夜长"了，"噩梦"就多，睡觉的人会受到意外的惊吓，反而降低了睡眠的效果。同样的道理，做事犹犹豫豫，久不决断，也会错失良机。

《史记》中有"兵为凶器"的说法。意思是说，不在万不得已时，不得出兵；但是，一旦出兵，就得速战速决。"劳师远征"或"长期用兵"，注定结局都会是失败。

拿破仑穷兵黩武，征战欧洲，不可一世，于是后来有了"滑铁卢"之悲剧；希特勒疯狂侵略他国，得到的是国破身亡。这都是由于他们没有认清战争的害处，他们不懂得"夜长梦多"的真正外延。

中国人向来讲究从容自若、慢条斯理的做事态度。即便是大难临头，"刀架脖子上"也能泰然处之。能够做到如此者，才算得上是气宇大度的君子。但是，这并不表明中国人做事就喜欢拖

第五章 躁动的青春，阴晴不定的我

拉，或不善于抓住战机。事实上，中国人在追求和谐、宁静、优雅的同时，无时不在潜心于捕捉机遇。

有一种"无为而治"的政治哲学。从表面上看，它似乎也是优哉游哉的处世信条，但就其内涵远非字面那么浅显。所谓"无为"，并不是单纯的"不为"，它无时不在宁静的外表下进行频繁的权谋术数的操作。打个比方，一个车轮，以无限的速度旋转，似乎就看不到它在旋转，抑或看到的是倒转，"无为"就是这种状态，"无为"才能"无不为"。

因此，做事不能太犹豫不决，而应快速决断；不要再徘徊、踌躇，做事快而敏捷者，才能够成就大事业。

"到底选哪个答案呢？"在考场上，犹豫间，时间不知不觉地就溜走了，等到交卷子的时候，你才惊呼："我还没做完！"

"这两个都好看，我都喜欢，可是到底哪个更好呢？"仅仅为了两件款式相同、颜色不同的衣服，你就能站着盯上半天，本来计划好的事情也全都泡了汤。

生活中，这样的人不在少数，不管是在学习上还是日常生活中，这种人永远都是一幅不紧不慢的模样，用他们的话说就是，"我还要考虑一下"，他们一直都在犹豫。

兵家常说："用兵之害，犹豫最大也。"实际上，日常做事也是如此。犹豫不决，当断不断的祸害，不仅仅表现在战场上，现代社会的每个角落都处处展现着。

比如在学习上，你很可能因为犹豫而浪费了时间，最后交上一份不完整的答卷，而与梦寐以求的学校擦肩而过；比如在与

致青春期女孩：
心理篇

人交往时，你与一个好朋友发生了误会，而你一直犹豫着是否要和对方重归于好，你的犹豫最后很可能使你们之间的友谊出现破裂；比如在商场上，你很可能因为犹豫就错过了绝好的机遇。

机不可失，时不再来，犹豫不决，当断不断，最后在商场上你将注定只会一败涂地，无立身之处。

因此，不管在什么时候，一定要斩钉截铁、坚决果断。当然，这里的坚决果断并不等同于武断，而是在认真分析判断，认准形势、深思熟虑下所作出的决定，这也绝不是心血来潮或凭意气用事。

第五章 躁动的青春，阴晴不定的我

致青春期女孩：
心理篇

时时困扰我的忧虑

不知道从什么时候开始，我老是担心身边的事情。

要考试了，虽然我准备得很充分，可是，我还是担心考的都是我不会的。

考试完了，我总是担心我没写学号，或者没有写完整。

爷爷奶奶在家的时候，他们咳嗽一声，我就担心他们的身体是不是有问题了。

每次看着好好的事，我都担心会不会突然有不好的事情发生……

我每天都生活在忧虑和惶恐中，生怕会有不好的事情发生。为此，好多时候，我都不快乐，我不知道我这是怎么了。

两个人的悄悄话:

我的种种反应都逃不过妈妈的眼睛,妈妈看见我的样子,对我说:"熙熙,你的这种'多愁善感'是一种不良情绪,这种无端的悲伤只会影响你的健康,对你将来的成长也是极为不利的。妈妈希望你能变得乐观一些,你要学会豁达和坚强。"

妈妈还告诉我,哈佛大学中国政治学教授裴宜理常和他的学生说:"自己招来的忧伤是最大的忧伤。"忧虑,是人在面临不利环境和条件时所产生的一种情绪抑制,使人精神沮丧,身心疲惫。无论是逃避问题还是对问题过分执着,实际上只可能有两种情况:一种是问题并不像我们所想的那么糟,至少没有到无可挽回的地步,只要采取积极正确的态度,问题就会得到解决。这样,我们也就没有什么可忧虑的了。另一种情况是,问题的确超出了我们力所能及的范围,对这种情况,我们就需要乐观一些,就像杨柳承受风雨一样,我们也要承受不可避免的事实。哲学家威廉·詹姆士说:"要乐于承认事情就是这样的情况。能够接受发生的事实,就是能克服随之而来的任何不幸的第一步。"

人生并不总是一帆风顺的,失败之事、挫折之事常有,面对失败、挫折,你不必扼腕叹息、怨天尤人,更不能灰心丧气,甚至消沉堕落。而应以乐观坚强的心态去面对,在乐观中学会自强,把握自己,在坚强中学会思考,学会总结。要善于发现

第五章 躁动的青春,阴晴不定的我

自己的优势，看到自己的潜力，用坚强来锤炼自己的心灵，锻炼承受挫折的毅力和品质。这样，人的生命才具有金子般的质地与光华。

相信大家一定听过杞人忧天的故事，几千年过去了，天依然高高地耸立在我们头顶，而那个杞人，居然为它担忧了那么久。生活中，其实一直都存在不少像那个杞人一样的人，虽然这些人不再担心天是否会塌下来，但是他们也各有各的担忧，例如，有些孩子担心马上要到来的考试自己可能会通不过。有些孩子可能会担心这学期的"三好生"自己评不上；有些孩子可能会担心班上其他同学不喜欢自己，等等。担心这个、紧张那个，于是便放逐了快乐，让忧虑将自己层层包裹。

其实，很多担忧和焦虑的情绪都是经过自己放大了的，其实它们本身并没有那么可怕，而且我们忧虑的事情实际上并没有发生，那么，何必让自己掉进忧虑的陷阱中呢？

致青春期女孩：心理篇

遇到困难以后不能退缩

第五章 躁动的青春，阴晴不定的我

学校要组织一个手抄报的评选活动，好的作品会挂在学校的橱窗里展示。老师给了我一张全开大的美术图画纸："熙熙，这件事交给你来做，好好画吧。"

天啊，菲菲看到那张大大的纸不禁嘘了一口气，全开大的纸，还要尽快完成，还要尽量画得最好。天啊……

回到家，我就开始构思如何来布置这张手抄报。妈妈过来，看到我的屋里摆满了各种彩色水笔、彩色铅笔、水彩颜料、水粉颜料和油画棒，疑惑地问："熙熙，你到底在做什么？"

"老师叫我画一张手抄报去参加学校的评比，我要画得好一点儿才行。"

"嗯，那工程量很大啊，那你就好好画吧。妈妈想给你提个醒，如果想把手抄报做好，只是把表面画得花花绿绿不一定就是最好的手妙报，你最好想一个好的主题，还要在你的报纸上选编最好的材料，这份报纸才有生命力。"妈妈看我有决心把手抄报做好，还给我支招。

多谢老妈的提醒，看来我要多在内容上下功夫，这份报纸才不是华而不实的。

一个周末，我把全部的心血都放在这份手抄报上，白天画，晚上画，不放过每一个细节。周一去学校的时候，我把这份画好的手抄报带给了老师。

当我把这张全开大的白纸展开的时候，好多同学都围过来看，在人群中发出一阵阵的赞叹，听到同学们的肯定，我感觉神清气爽，这两天连续的疲劳一扫而光。

后来，我的那张手抄报真的就张贴在了学校的橱窗里，足足有一个多月的时间，直到这张纸被太阳晒得褪去了颜色，才被换下来。

致青春期女孩：心理篇

两个人的悄悄话：

妈妈说："熙熙，画手抄报是一件小事，不过在这个过程中，我看到了你身上隐藏的一种品质，就是坚持、不放弃。要想做成任何一件事，都要有一种锲而不舍的恒心与毅力，让妈妈感到高兴的是，你具有这种出色的品质。"妈妈还告诉我，历史上诸多伟人的成功，都是由于他们的坚忍不拔。纵然他们怀有天赋，领悟力超凡，但他们的作品也并非一蹴而就，只有经过精心细致的雕琢、反反复复地修改，才有经得起细看的作品诞生。

古罗马的大诗人维吉尔的传世之作《埃涅阿斯纪》用了21年时间才完成；俄国大文豪列夫·托尔斯泰《安娜·卡列尼娜》用了整整8年的时间，反复构思、反复修改，才最终把这部关于家庭私生活的小说改编成一部具有鲜明时代特征的社会小说；亚当·斯密写作《国富论》，用了10年的时间；孟德斯鸠写作《论法的精神》，用了整整25年的时间。

透过这些伟大的作品，我们的确可以体会到作家的艰苦劳动。他们为了完成一部作品，往往要花费几年甚至几十年的心血。如果没有坚强的恒心与毅力，又怎么能克服重重困难，最后取得成功呢？

人类历史上的诸多伟大成就，无不是恒心和毅力的结果，如埃及平原上宏伟的金字塔和耶路撒冷巍峨的庙堂，人类因为有了恒心和毅力，才有机会登上气候恶劣、云雾缭绕的珠穆朗玛峰；才能在宽阔无边的大西洋上开辟航道；正是因为有了恒心和毅力，人类才夷平了新大陆的各种障碍，建立起了人类居住的共同体。

恒心与毅力还让天才在大理石上刻下精美的创作，在画布上留下大自然恢宏的缩影。恒心与毅力创造了纺锤，发明了飞梭；恒心与毅力使汽车变成了人类胯下的战马，装载着货物翻山越岭，在天南地北往来穿梭；恒心与毅力让白帆撒满了海上，使海洋向无数民族开放，每一片水域都有了水手的身影，每一座荒岛都有了探险者的足迹。

很多人总是抱怨自己的失败，失败的原因很多，但不能持之以恒是尤为重要的一点。因为一切领域中所有的重大成就无不与坚忍不拔的毅力有关。从某种意义上来说，成功更多依赖的是人的恒心与毅力，而不是天赋与才华。

英国著名的外交官布尔沃说："恒心与毅力是征服者的灵魂，它是人类反抗命运、个人反抗世界、灵魂反抗物质的最有力的支持，它也是福音书的精髓。"才华固然是我们所渴望的，但恒心与毅力更是令人感动的。

致青春期女孩：
心理篇

我总有很多想要的东西

第五章 躁动的青春，阴晴不定的我

从楠楠家回来，想到楠楠家有那么大大的房子，有那么豪华的装饰，特别是楠楠还有自己的游戏室和书房，还有那个洒满阳光的琴房，虽然我不喜欢练琴，但是想想在暖阳下弹琴该是多么美妙的一件事情。

我坐在阳台上憧憬我的阳光琴房的时候，妈妈走过来问我，"熙熙，你没事儿吧，做什么美梦呢？一脸的笑意。"

"妈妈，我想有个阳光琴房，有个自己专用的书房。楠楠的房间真是太宽敞了，还很漂亮。咱们能不能换个大房子呢？在大房子里都能捉迷藏。"

"熙熙，你希望爸爸每天都工作没有周末吗？然后还有无休止地出差和应酬？"妈妈说完静静地看着我。

妈妈的话让我想起了楠楠每天都只有妈妈和保姆陪着，她爸爸常年忙着工作，休息的时间很少。听楠楠说，她爸爸为了谈生意，还喝了好多酒，肝都有损伤了。

妈妈说："每个人都有自己的欲望，我们要让欲望帮助我们去努力去拼搏，而不是仅仅羡慕别人拥有的东西。熙熙，你明白吗？"

妈妈的话我似懂非懂，我默默点了点头。

两个人的悄悄话：

妈妈见我似懂非懂，于是给我讲起了故事。

当一位朋友发现居里夫人的小女儿手里正在玩的是英国皇家科学院最近授予居里夫人的一枚金质奖章时，他不禁大吃一惊，忙问："居里夫人，能够得到一枚英国皇家科学院颁发的奖章是极高的荣誉，你怎么能让孩子随便拿着玩呢？"

居里夫人说："荣誉就是玩具，只能看看而已，绝不能永远守着它，否则，将一事无成。"真正追求成功的人，要把眼前取得的成就看作是对过去的一个总结。

爱好虚荣的人在与周围各种各样的人的接触中，非常注意人们对自己的态度，喜欢想象他们对自己的评价，并以此作为一种客观标准而内化到自己的心中，在这个基础上形成自我形象，达到自我认识。也就是说，他们对自己形象的建立和认识，常常在与他人的接触、想象他人对自己的判断和评价中形成。这种自我认识的方式，在一定程度上有利于深入认识自己，但是无形之中就给自己带来了巨大的压力，这是一种不良的习惯。

有对中年夫妇，妻子整天为缺少财富而忧郁不乐，他们需要很多很多的钱。有了钱，才能买房子，买家具家电，才能吃好的、穿好的……可是，他们的钱太少了，少得只够维持最基本的日常开支。

她的丈夫却是个很乐观的人。丈夫不断寻找机会开导妻子。

有一天，他们去医院看望一个朋友。朋友说，他的病是累出来的，常常为了挣钱不吃饭、不睡觉。回到家里，丈夫就问妻子："下次如给你钱，但同时让你跟他一样躺在医院里，你要不要？"妻子想了想，说："不要。"

过了几天，他们去郊外散步。他们经过的路边有一幢漂亮的别墅。从别墅里走出来一对白发苍苍的老者。丈夫又问妻子："假如现在就让你住上这样的别墅，同时变得跟他们一样老，你愿意不愿意？"妻子不假思索地回答："我才不愿意呢。"

他们所在的城市破获了一起重大的团伙抢劫案。这个团伙的主犯抢劫现钞超过100万元，被法院判处死刑。

罪犯押赴刑场的那一天，丈夫对妻子说："假如给你1000万元，让你马上去死。你干不干？"妻子生气了："你胡说什么呀？给我一座金山，我也不干！"

丈夫笑了："这就对了。你看，我们原来是这么富有：我们拥有生命，拥有青春和健康，这些财富已经超过了1000万元，我们还有靠劳动创造财富的双手，你还愁什么呢？"妻子把丈夫的话细细地咀嚼品味了一番，也变得快乐起来。

不要去和别人攀比，别人拥有的，你不一定拥有，但你有的，别人也不一定拥有。现在的生活水平提高了，可能在同学当中有不少和别人攀比的现象。但我们一定要摒弃这种恶习，认真地对待这种攀比心理，明辨是非，培养平常心态，把注意力放在学习上，放在与同学发展良好的关系上。

1. 保持一颗平常心。

中国古代的"福为祸所伏，祸为福所倚"的福祸论，讲述世间有一个自然法则：有得必有失，有失必有得。老子的"曲则全，枉则直，洼则盈，敝则新，少则得，多则惑"，讲述了委曲可以求全，弯曲可以伸展，低洼可以充盈，敝旧可以生新，少取其实多得，贪多引出惑乱的哲理。因此，处于不利地位时，其实也有好的一面，我们完全没有必要自卑。保持一颗平常心，尽自己的努力去做自己的事，才是我们要关注的。

2. 抑制我们的物欲。

物欲是什么？物欲是人生存环境中的一大障碍。中国古代思想家老子说："祸莫失于不知足，咎莫大于欲得。"富人希望自己的钱更多，当人的物欲没有节制时，就会引出麻烦和祸害。一切脱离实际的欲望，都是生命的不幸。如果为了攀比，自己又没有能力实现，就会心态失衡，嫉妒怨恨，心里难受；如果心态失衡，胆子又大，敢闯"红灯"，那就是祸。钻进深渊，最终会导致咎由自取的下场。不过，许多懂得珍惜生命的人则不会让自己引出麻烦，而是引出快乐。

我一定能控制好情绪

第五章 躁动的青春，阴晴不定的我

我最近迷上了玩一些思维游戏。我正拿着书敏思苦想的时候，菲菲来找我。她一把抢过我的书，说："让我看看你在研究什么，这么入迷。"

书被菲菲这么一抢，我的思路完全被打断了，顿时气恼万分，生气极了，朝着她大喊："你怎么偏偏这个时候来呢，真讨厌！"

菲菲被我的暴跳如雷吓着了，什么都没说，闷闷不乐地走了。

看她很郁闷的样子，我的心里也很难受。我当时要是控制好自己的脾气就好了。

两个人的悄悄话：

妈妈告诉我说，每个人都难免有不易控制自己情绪的时候，只是有的人成功地给自己的情绪上了把锁，有的人沦为情绪的奴隶，于是喜怒无常。

情绪是一个人内心深处的一种思想情感，每个人都是自己情绪的主人，但有时会受各种因素的影响，情绪往往变得无法控制，如果你能够驾驭自己的情绪，你的人生一定要比别人精彩得多。

如果你觉得沮丧、气馁或绝望，一定不要计较，不妨痛快淋漓地洗个澡，然后一个人静静地思索、顿悟。请记住：此时，你必须忽略一切令你沮丧的想法和念头，还有一切困扰你的东西。不要让自己纠缠于每一件令人不快的事，不要继续纠缠于过去所犯的错误和令人不快的往昔。你要做的是，全副武装地对抗这些情绪，将它们驱逐出去。相信几次之后，你便能和他们告别，让你的心灵沐浴阳光。

转移注意力，也是抚平烦躁、根治不安情绪的一剂良药。当你觉得不快时，试着将你的注意力转移到与这种情绪完全相反的事情方面，并树立快乐、自信、感激和善待他人的理念。

这样，你就会惊奇地发现，那些困扰你许久的情绪在转眼之间便无影无踪了。如果你感到疲惫不堪，感到沮丧、郁闷时，你不妨试着去分析原因，你也许会发现，之所以出现这样的情况，主要是因为精力不支，而精力不支的原因，或者是由于学习过度、暴饮暴食，在某种程度上违背了消化规律的缘故，或者是由于某种不合常规的习惯在作祟。

你还应该尽可能地融入社会环境中去，多参与一些娱乐活动或体育活动。有的人通过听音乐消除疲惫、沮丧的情绪；有的人则在剧院里，在愉快的谈话中，或者在阅读使人愉快、催人奋进的书籍时，使自己从疲惫、沮丧中恢复过来。

时刻准备着给自己的情绪上把锁吧！千万不要让那些不悦的情绪像心上的暗影紧紧追随着你！

第六章

青春期，这样调整心态

　　青春期的孩子，做什么都看心情。有一个好心情，就会有做事的积极性。把坏心情赶走好心情留下来，就是一个很强大的本领，它足以让我们的日子过得更有意思一点，在学习之余，能让生活更舒心。

懂得感恩

致青春期女孩：
心理篇

早上醒来我发现还没退烧，浑身没劲，说不出的难受。看来今天又不能去学校上课了。

"妈妈，我要什么时候才能去学校啊？"

"熙熙，你烧得太厉害了，需要恢复两三天的时间，这些都是人体的正常反应。难道这点小痛苦你承受不了吗？"妈妈温和地说。

"可是，我还有很多功课要做。"

"熙熙，人的一生难免会遇到一些疾病的困扰，我们只要坦然去面时就好了。面对痛苦我们要乐观，要知道，痛苦和快乐是一对孪生兄弟。难道一个小小的发烧就能把你打倒吗？"

"可是很难受啊。"我很委屈地对妈妈说。

"恢复体力是需要时间的，只要你保持心情愉快，多吃点东西，很快就会康复的。最重要的是要保持一颗快乐的心。生活中只有懂得在痛苦中寻找快乐的人，才会过得有意义。这个时候就是锻炼你的时候，你要学会在这种病痛中找到快乐，才能更快地成长。"

"嗯，妈妈，我知道了。有你的陪伴，我很高兴，你温暖的胸怀可以让我依靠。"听了妈妈的话，心里感到暖暖的，觉得自己很幸福、很快乐。

"这就对了，熙熙。"妈妈很高兴地对她说，"懂得让自己快乐，能够让自己在痛苦中找到快乐，这是人生寻找的真谛之一。"

两个人的悄悄话：

妈妈告诉我，其实幸福本没有绝对的定义，许多平常的小事往往能撼动你的心灵。能否体会幸福，只在于你的心怎么看待。想要拥有幸福的生活，就要怀有一颗感恩的心。

有时候，我们会觉得自己拥有的一切不值得感恩，因为我们并不知道自己到底拥有哪些东西。朋友不值得感恩，因为他们并没有为我们做什么让我们感恩戴德的事情。老师不值得感恩，因为我们是交了学费的。身体健康不值得感恩，因为我们还小，本来就不该有什么疾病纠缠。

卡耐基的著作中有这样一个十分感人的故事。故事的主人公是一位名叫波姬儿的女教授，她是一位充满勇气、坚强乐观的女性，她写过一本自传体的书，书名叫《我希望能看见》。

小时候，她渴望和小朋友做游戏，但苦于看不清地上画的线。当别的孩子回家后，她蹲在地上认准地上的线，等下次再和小伙伴玩。

她在家里看书，把印着大字的书靠近她的脸，眼睫毛都碰到书页上了。她得到两个学位：先在明尼苏达州立大学得到学士学位，再在哥伦比亚大学得到硕士学位。

她开始教书的时候，是在明尼苏达州双谷的一个小村子里，然后渐渐升到南德可塔州喇格塔那学院的新闻学和文学教授。她在那里教了13年书，也在很多妇女俱乐部发表演说，还在电视台主持谈书本的节目。"在我的脑海深处"，她写道，"常常怀着一种怕会完全失明的恐惧，为了要克服这种恐惧，我对生活采取了一种很快活而近乎戏谑的态度。"

1943年，波姬儿已是52岁的老妇，奇迹出现了！著名的"美友医院"为她做了一次成功的手术。她看得见了，比她以前所能看到的还要清楚几十倍！

一个崭新的、令人兴奋的可爱世界呈现在她眼前。现在，她甚至在厨房水槽洗碗的时候，都会有兴奋的感觉。

"我开始玩着洗碗盆里的肥皂泡沫，"她写道，"我把手伸进去，抓起一大把小小的肥皂泡沫，我把它们迎着光举起来。在每一个肥皂泡沫里，我都能看到一道小小彩虹闪出来的明亮色彩。"

在常人看来，波姬儿是不幸的，然而她自己却觉得自己是一个很幸福的人，甚至在厨房洗碗的时候，也会快乐，所有这一切，都是因为她是一个懂得感恩的人，总是努力享受自己已经拥有的东西，而不去想自己没有或者已经失去的东西。

懂得知足，懂得感恩，不仅感谢帮助我们的人，更要感谢曾经以及现在拥有的一切。

致青春期女孩：心理篇

别和自己过不去

第六章 青春期，这样调整心态

妈妈从花市买来了一盆百合花，盛开的百合花非常漂亮，还不时传来阵阵香气。妈妈有事要出去，临走时嘱咐我，如果刮风下雨，要把百合花搬回来。我很爽快地答应了。

妈妈走了之后，屋里只剩下我一个人了。我安安静静地在屋里面写作业。以至于外面刮起狂风居然毫无察觉。

当我算好了一道题目，伸个懒腰的时候，突然发现，天阴沉沉的，已经狂风大作，感觉暴风雨要来了。

"百合花。"我的第一反应就是去阳台外面，可是当我跑过去的时候，发现那盆花早就没有了踪影。

哪里去了呢？我站在阳台上往下张望，原来那盆百合花已经被风卷到楼下，摔了个粉身碎骨。这下完了，怎么向妈妈交代呢？我一下傻眼了。

晚上妈妈回到家，我把事情原原本本地向妈妈交代一遍，已经做好了挨批评的准备。

"掉到楼下去了，没有砸到别人吧？"妈妈很关切地问。

"那倒没有，就是花都碎了。"我小声地说道。

妈妈看我沮丧的样子，说："以后记得小心啊，反正已经摔坏了，算了吧。"

"妈妈，你不生气吗？"我试探着问。

"我怎么会生气，我们买花是为了观赏，为了陶冶心情的。为什么要因为它生气呢？只是你今后做事要小心，知道吗？"妈妈安慰我道。

听到妈妈这样说，我坚定地点了点头。

两个人的悄悄话：

后来，妈妈告诉我，很多人经常对已经发生的事情追悔莫及，这其实是一种很正常的现象，人多多少少都会有这样的体验。

从某种角度上来看，这未尝不是一件好事，我们可以从中吸取经验教训，避免下次重复犯错，但不能一味地追悔感伤，沉浸于此。事情已经发生，局面已经形成，再也无法挽回，我们应该学会放下过去，这样才能重新开始。

要想成为一个快乐的人，其中最重要的一点就是要学会将过去的错误、罪恶、过失全部忘记，然后坚定地向前看。只有忘记过去的事，努力向着未来的目标前进，才能使自己不断走向辉煌。

有位企业家做了一个错误的决定，这个决定让他蒙受了巨大的损失。在这之后，他拒绝承认自己的失误，拒绝接受不可避免的事实，结果，他失眠了好几夜，痛苦不堪，但问题一点也没解决。更严重的是，这件事还让他想起了以前很多细小的挫败，他在灰心失望中折磨自己。这种自虐的情形竟然持续了一年，直到他向一位心理专家求救后，才彻底从痛苦中解脱出来。

事实上，如果我们研究一下那些著名的企业家或政治家，就会发现，他们大多都能接受那些不可避免的事实，让自己保持平和的心态，过一种无忧无虑的生活。否则，他们中的大部分人都会被巨大的压力压垮。

道理很简单：当我们不再反抗那些不可避免的事实之后，我们就能节省下精力，去创造一个更加丰富的生活。如果你的内心为此不断痛苦和挣扎，就仿佛在拧麻花，两股力量互不相让，那最终深陷泥沼的只有你自己。要知道，你只能在两者中间选择其一：可以选择接受不可避免的错误和失败，并抛下它们往前走；也可以选择抗拒它们，变得更加苦恼。

当然，你可以尝试着不去接受那些不可避免的挫败，但这样势必使人产生一连串的焦虑、矛盾、痛苦、急躁和紧张，你会因此整天神经兮兮、不知所终。

有一句古老的犹太格言这样说："对必然之事，轻快地加以接受。"那么，就让我们以后都这样做吧。

第六章 青春期，这样调整心态

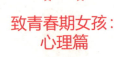

致青春期女孩：
心理篇

青春期，要学会品尝痛苦

我总是觉得不快乐。

每天那么多的功课要做，还有各种考试要应付，还有班里的同学要处理好关系，还有让爸爸妈妈对我认可。我觉得我活得好累，我真的觉得不快乐。

周末，爸爸妈妈带我去爬山，他们是想让我散散心，可是，爬山那么累，爬到山顶，我都呼哧带喘的，一点快乐都没体会到。

我的快乐在哪里呢？我的生命中怎么到处都是灰暗呢？

两个人的悄悄话：

妈妈告诉我，让我多看看生活中的快乐。

春天万物复苏，一副欣欣向荣的景象，这不是快乐吗？秋天，累累果实，那不是快乐吗？还有每天灿烂的太阳，不能温暖我们吗？为什么总是去看生命中的不快乐呢？

我们每天学习，虽然累，虽然有时候不顺利，但是我们成长了啊，我们的能力不是也有了很大提高吗？为什么只看到痛苦就忽视了快乐呢？

快乐是什么？快乐是血、泪、汗浸泡的人生土壤里怒放的生命之花。正如惠特曼所说，"只有受过寒冻的人，才感觉得到阳光的温暖；唯有在人生战场上受过挫败、痛苦的人，才知道生命的珍贵，才可以感受到生活之中的真正快乐。"

托尔斯泰在他的散文名篇《我的忏悔》中讲了这样一个故事：

一个男人被一只老虎追赶而掉下悬崖，庆幸的是，在跌落过程中他抓住了一棵生长在悬崖边的小灌木。此时他发现：头顶上那只老虎正虎视眈眈，低头一看，悬崖底下还有一只老虎，更糟的是，两只老鼠正忙着啃咬悬着他生命的小灌木的根须。绝望中，他突然发现附近生长着一簇野草莓，伸手可及。于是，这人拽下草莓，塞进嘴里，自语道："多甜啊！"

罗曼·罗兰说："痛苦像一把犁，它一面犁破了你的心，一面掘开了生命的新起源。"不知苦痛，怎能体会到快乐？痛苦就像一枚青青的橄榄，品尝后才知其甘甜，但这需要品尝的勇气！其实，人在青少年时要让自己快乐非常简单，那就是少一点欲望，多一点自信，在身处绝境时，也能看到希望的光芒。当然，我们更要学会在痛苦中寻求快乐的音符，保持对生活的激情，这才是人生的真谛。

致青春期女孩：
心理篇

不纠缠不抱怨

"妈妈，你看，这倒霉天气，我刚穿的新运动鞋，都弄脏了，气死了。"

我一进门，就冲妈妈嚷嚷起来。妈妈看见我这样，过来对我说："熙熙，鞋子脏了，刷刷就干净了，快去喝点热水。"

我走到茶几前，端起水就喝，可是太烫了。

"妈妈，这水能喝吗？怎么这么烫？就不能凉一点吗？真是喝点水都塞牙。"

妈妈没有搭理我，我回房间换衣服。看见家居服还没洗呢，顿时我又不爽了，冲着客厅吼了起来。"这什么衣服啊，妈妈，我不是让你帮我洗洗吗？怎么到现在都没洗呢？整天穿个衣服都脏兮兮的，这像什么样子。"

拿起作业，刚要写作业，发现课本落在教室了，我又抱怨起来。

在我的抱怨声中，家里的气氛一点都不好了。

两个人的悄悄话：

"熙熙，你要注意了，你现在抱怨的次数越来越多了。"当妈妈把这话说出来的时候，我都有点震惊了。我怎么会这样呢？这还是原来那个我吗？

"我这次考试没考好，全都怪昨天晚上没休息好。""考试题出成这样，老师根本就是在为难我们。""这一切都像是在和我作对一样，烦都烦死了。"

妈妈告诉我，这些是我经常挂在嘴边的话。心情不愉快的时候，这些抱怨的话好像是不经过大脑自己就到嘴边了。然后心情就会变得很沮丧。在这样一种精神状态下，不难想象，我们犯错误的概率自然要比别人高，许多新的烦恼又在后边等着我们，那么又开始新一轮的抱怨——沮丧——出错——倒霉……

其实，抱怨只是暂时的情绪宣泄，它可做心灵的麻醉剂，但绝不是解救心灵的方法。罗曼·罗兰说："只有将抱怨环境的心情化为上进的力量，才是成功的保证。"也有人说，如果一个人青少年时就懂得永不抱怨的价值，那实在是一个良好而明智的开端。倘若我们还没修炼到此种境界，就最好记住下面的话：如果事情没有做好，就千万不要为抱怨找借口。

古人云："人生之事，不顺者十之八九，常想一二。"这句话的意思是说，人活在世上，十件事中有八九件都会使人不顺心，但要常去想那一两件使人开心的事。每个人都会遇到烦恼，明智的人会一笑了之，因为有些事是不可避免的，有些事是无力改变的，有些事情是无法预测的。能补救的，应该尽力补救；无法改变的，就坦然面对，调整好自己的心态，去做该做的事情。其实，只要放平心态，我们可以活得平静而满足。

有一个人从一棵椰子树下经过，一只猴子从上面丢下来一个椰子，正好打中了他的头。这人摸了摸肿起来的头，然后把椰子捡起来，喝椰汁，吃果肉，最后还用外壳做了一个碗。生活中那些爱抱怨的人，假如猴子丢下的那个椰子打中的是你的头，你会用什么样的态度来对待这个"意外的打击"呢？如果是怨恨，是咒骂，那么不但无济于事，反而还会使你的心情变得更糟糕；如果你选择了积极的心态，就像故事中的那个人一样，只是摸了摸头上的肿块，然后捡起椰子，饶有兴致地吃掉果肉，并把椰壳做成一只碗。这时，你也有可能因此心情变好而感谢那只猴子、头上的肿块和椰子。因为如果没有这一切，或许你就无法排解旅途中的寂寞、饥饿和无聊。

青春的天空本该是明媚的，但是抱怨却如阴云一样使明朗的蓝天变得混浊。抱怨的人不见得不善良，但常常不受欢迎。抱怨就像用烟头烫破一个气球一样，让别人和自己同时泄气。谁都不愿靠近牢骚满腹的人，怕自己也受到传染。抱怨除了让你丧失勇气和朋友外，别无他用。

最后妈妈告诉我，青春拒绝抱怨，如果真的遇到问题，就应

致青春期女孩：
心理篇

该去寻找克服困难、改变环境的办法；青春更应摒弃抱怨，因为抱怨是一种坏习惯，我们要做的，就是化抱怨为抱负，变怨气为志气。世界是美丽的，世界也是有缺陷的；人生是美丽的，人生也是有缺陷的；成长是美丽的，成长也是有缺陷的。因为美丽，才值得我们活一回；因为有缺陷，才需要我们弥补，需要我们有所作为。

　　记住，永远不要抱怨，有抱怨的时间和精力，不如去找找解决问题的方法。

不放过一个坏习惯

致青春期女孩：
心理篇

小时候，我特别喜欢抖腿，妈妈看到之后，一定会严厉地斥责我："熙熙，女孩一定要有女孩的样子，你的腿不可以抖。"

后来，妈妈只要是看到我的腿在抖，就会直接用手去敲我的腿来提醒我。经过妈妈几次提醒，我的坏毛病终于改了过来。

现在我长大了，有时会看到身边那些习惯抖腿的女孩，看上去既不雅观，也显得没有教养，心里不禁会感激妈妈当时对自己的严格要求。

要不是妈妈，我想自己的形象气质一定会大打折扣。

最近我发现好伙伴菲菲迷上了玩手机，不管上课还是下课，她都玩得不亦乐乎。

我劝她，她就说："我想改，但是改不了。算了，就这样吧。"

我很想帮菲菲改掉这个坏习惯。于是我想起小时候妈妈帮我改坏毛病的方法。每当看到菲菲要拿出手机来玩，我都会按住她的手劝她说："忍一忍，肯定没事，不信你试试。"

开始的时候，菲菲很难受，后来过了一段时间，她真的改了很多，我们俩在一起的时候，她不玩手机了，慢慢地，在学校也不玩了。后来她还主动把手机上的游戏都删掉了。

两个人的悄悄话：

妈妈知道了我俩发生的故事，高兴地表扬了我。同时，妈妈提醒我说："熙熙，你的身上是不是也有这样那样的坏习惯？对于这些坏习惯，你是如何看待的呢？经常听到有人说，'没什么大不了的！小毛病人人都有！'现实生活中，对此抱着无所谓态度的人很多，你是否又是其中一个？"我还得好好反省反省。

美国著名的心理学家威廉·詹姆士说："播种行为，收获习惯；播种习惯，收获性格；播种性格，收获命运。"一种好习惯可以成就人的一生，一种坏习惯也可以葬送人的一生。试想，一个爱睡懒觉、生活懒散又没有规律的人，怎么约束自己勤奋学习和工作？一个不爱阅读、不关心身外世界的人，能有怎样的胸襟和见识？一个自以为是、目中无人的人，如何去和别人合作、沟通？一个杂乱无章、思维混乱的人，做起事来的效率会有多高？一个不爱独立思考、人云亦云的人，能有多大的智慧和判断能力？

致青春期女孩：
心理篇

古希腊伟大的哲学家柏拉图曾告诫一个游荡的青年说："人是习惯的奴隶，一种习惯养成后，就再也无法改变过来。"那个青年回答："逢场作戏有什么关系呢？"这位哲学家立刻正色道："不然，一件事一经尝试，就会逐渐成为习惯，那就不是小事啦！"

坏习惯就像身后的尾巴，一直紧紧跟着你，等你发现它严重影响了你的生活，才想到要摆脱时，一切恐怕就难以挽回了。要知道，习惯的养成是一个不断重复的过程，每一次，当我们重复相同的行为时，就等于强化了这一行为，最终，就成了根深蒂固的习惯，把我们的思想与行为也缠得死死的。

正如英国桂冠诗人德莱敦在300多年前所说："首先，我们养成了习惯，随后，习惯养成了我们。"我们是从习惯中走出来的，所以，如果想要拥有一个美丽的人生，就需要养成好习惯，那么，从现在开始，我们就要改掉坏习惯。

那么，如何改掉坏习惯呢？很多人都问过同样的问题。

不妨从以下几点出发：

1. 从思想深处认清不良习惯的危害性。

清楚不良习惯会影响人的身心健康或左右人的行为方式，争取自觉树立起戒除不良习惯的意识。

2. 以好习惯取代坏习惯。

坏习惯之所以存在，是因为它能够在一定程度上使你得到一种心理上的满足，例如懒惰，所以，如果要与坏习惯彻底告别，可以找一个同样使你感到满意的好的习惯来取代它。

3. 求得支持。

许多戒除不良习惯者体会到，别人的支持十分重要，是防止复发的有效手段。这种支持可以来自家庭、朋友和志同道合的同事。

4. 避开诱因。

如果你总是喜欢在晚上喝咖啡或饮茶，这样极容易变得兴奋，因而影响睡眠，你就可以改喝白开水和饮料。

5. 自我奖励。

取得小成功，如坚持练琴一个月，可以自我奖励一次，如买本好书给自己。

6. 不找借口，要防止自欺欺人。

"这是小亮借给我看的武侠书，否则，我是不会看的""这是最后一次，这次之后，我就再也不看动画片了"……诸如此类的借口，其实都是下次再犯的苗头和征兆。

妈妈讲了这么多，我决定，要好好反思我还有哪些坏习惯，并改正我的坏习惯，比如，今天就从穿衣服磨蹭开始改吧。

喜欢做的事要多做

马上要进入假期了,这让我既兴奋又紧张。

兴奋的是,我终于不用每天早起挤车上学了,紧张的是,原来的假期妈妈都会给我报好多补习班,每天从早上到晚,真正休息的时间很少。我很担心还会出现这样的情况。

我把我的担心告诉妈妈,妈妈说,这个假期,可以让我自己安排。

听到这句话,我简直不敢相信自己的耳朵,妈妈接着说:"熙熙,这次期末考试你成绩不错,看到你这样,妈妈也就放心了,你自己来安排假期生活,这也算是对你的一种奖励吧。妈妈希望你别把玩都安排进去了,学习却没有安排,那样就不好啦。"

听到妈妈这么说,我把自己的安排告诉了妈妈:"妈妈,我打算假期要好好锻炼身体,每天早点起床跑跑步,然后我还列了一个书单，这些书都是经典，我想读一些，这对我的作文也有帮助。然后我还打算学学自由泳，蛙泳我现在游得很好了，想再学习一种泳姿。钢琴我也会练习的，争取多练几首曲子。学习我想好了，每天写一篇日记，锻炼我自己的文笔，然后还要多看英语原著电影，练习口语。当然，作业我也会安排好，尽快都做完，好留点时间看看下个学期要学习的内容。"

妈妈听完我的话非常高兴，她说她终于可以放心地让我自己安排我的假期生活了。

而我，因为有了时间做自己喜欢做的事情，不用整天上辅导班，也感到很高兴。

两个人的悄悄话：

妈妈看我安排了这么多，对我说："熙熙，我们每个人每天都有许多事情可做，在众多事情当中，你一定要清楚地了解一点，那就是：一定要做自己喜欢做的事。"

妈妈告诉我，往往有很多人并不清楚这一点，为了种种原因，他们逼迫着自己去做一些自己不喜欢做的事，最后往往后悔莫及。

有一位机械师不喜欢自己的工作，想转行，却迟迟下不了决心，因为他已经学了二十几年的机械，如果突然换一份其他的工作，会感到很不适应，尽管不喜欢，却无法抛开累积二十多年的机械专业知识。他想改变，但又甩不掉过去的包袱，自然无法突破。于是他陷入了痛苦之中，他常常叹息着说："如果当初我选择喜欢做的事情就好了。"

生活中，像这位机械师的人很多，不管是学习还是工作，他们大多都在做着自己讨厌的事情，又不得不逼迫着自己去做好这些事情。在不断挣扎中，他们往往失去了动力，当遇到学业或事业的瓶颈时，也无法突破。他们也想过要改变，为此还不断地征求别人的意见，可最后还是很少有人试着去改变。

这其实是一个矛盾，既然知道自己再继续做下去也不会有兴趣，就应该果断地做出离开的决定。与其在不喜欢的事情上浪费时间，不如把精力投在喜欢的领域。也许你担心无法适应或开拓一个新领域，其实大可不必，一个人在做自己喜欢的事情时，就必定充满了力量，想象力和创造力也更容易被激发出来，只要付出努力，相信一定会取得成功。

听了妈妈的话，我顿时干劲十足，我要努力做好我喜欢的事情，做个更独特的自己。

享受独处的时光

夏日的午后,我懒懒地从床上爬起来,找到正在写文章的妈妈,让她陪我玩一会儿。

妈妈说她很忙,下周一就要交的一份材料需要加班写完。看着妈妈忙碌的样子,我一屁股坐在地上撒起娇来。

"你们都很忙,没人陪我玩,我好孤独。"

妈妈见我开始耍赖,放下手里的活,拉我起来,答应给我讲一个故事。

妈妈的故事总是很好听,我聚精会神地听了起来。

妈妈说,她很喜欢读张爱玲的作品,也因此读了一些张爱玲的故事,有一个故事,或许能给我一些启发。接着,一个美丽的故事就从妈妈口中缓缓说了出来。

张爱玲出生时,旧中国正处于风雨飘摇之中,封建士大夫的黄金时代已是"无可奈何花落去"了。然而,封建大家庭的内部

依旧是"庭院深深深几许",古老的文化与那种安稳、舒缓的传统生活方式还在继续着。张爱玲出生时,其家境已经没落,但仍维持着大家的风范。

这样的出身,注定张爱玲从小就缺少玩伴。而父爱的缺失使张爱玲更加孤独,她的父亲其实对自己聪慧的女儿是十分喜爱的,在张爱玲小的时候就经常带着她去应酬,有时还和女儿谈谈亲戚间的笑语。然而,她的父亲是典型的封建贵族遗少式人物,他的爱是根据自己的心情而定的。当时封建家族的没落景象又使张爱玲的父亲时常心情郁郁而顾不得疼爱她。

在这样孤独的童年里,张爱玲用自己内心深处的苍凉冷静地观察着旧式生活的腐朽败落,对他们的生活方式以及阴暗、畸形的心理有了深刻的认识,为她日后写出一系列深刻洞察人情世故和人性冷漠的作品准备了丰厚的素材。

大学期间的张爱玲也显得比同龄人要冷漠和孤独。她很少参加社交活动,只是埋头于研读西方历史和文学作品,她就是在这时完成了厚积薄发的势伏蜕变。

1943年一个春寒料峭的下午,张爱玲敲开了鸳鸯蝴蝶派代表作家周瘦鹃家的大门,她拿了自己的《沉香屑:第一炉香》、《沉香屑:第二炉香》来毛遂自荐。周瘦鹃这位悲情小说作家在张爱玲告辞后,开始在灯下细细阅读。一边读,一边击掌,他为作者遣词造句的老练、洞察人情世故的深刻与冷漠而惊叹不已。于是《沉香屑》很快在周瘦鹃主办的《紫罗兰》上发表。

张爱玲后来的事情为人所共知,至1995年她寂寞地死去,这个孤独的女子造就了文坛上至今为止最华丽的文字，赢得了数以万计近乎喧嚣的惊叹。

听了妈妈的故事，我才明白，原来醉翁之意不在酒，在于教育我要忍受一个人时的寂寞。妈妈说："熙熙，你要知道，在人生的长河中，既有欢乐和愉悦，也会有孤独、寂寥和焦虑。只有经过沉默修养和孤独洗礼的人，才能捕捉到人生的真正底蕴。人只有在孤独的时候才能认识自我。"

看来我还要接着修行啊。听完妈妈的故事，我乖乖地走回自己的房间，去干些自己的事情。

两个人的悄悄话：

妈妈告诉我，女孩子的自立能力不仅仅体现在物质独立上，更应该体现在精神和情绪的独立上。女孩子常常可以忍受事业的艰辛、生活的起伏，却不能忍受寂寞。其实孤独有它独特的价值，孤独也能造就大师。这是因为，摆脱虚浮、繁杂的困扰后，人的心灵得到净化，思想就能自由地翱翔。许多学者名流，沉潜书斋，甘于淡泊，耐得住清苦和寂寞。有的超尘脱俗，蜗居书斋，潜心治学，终有所成。

只有耐得住寂寞，才能保持一个人的平常之心，方可在生动活泼、变化多端的社会生活中找到属于自己的坐标和实现自我价值的着力点，才能一展自己的才华，才能蓄势待发，最终跃出平凡，成就不朽功业。

孤独，并不是凄凉，更不是悲哀。农夫在孤独中耕耘，才有好的收成；十年寒窗的儒生，也一定是孤独的。把生命和精力花在哗众取宠的闲聊和茶楼酒馆的应酬上，那才是真正的悲哀。有人说，孤独，就是将最后的生命、生命中最后的力量留给自己，留给创造。在孤独中寻求自我的价值，实现自我的价值。

致青春期女孩：心理篇

当一个人静静地、不为外界的噪声所侵袭时，世界就会变得洁净。在这种环境下，你可以遐思万千，为构思的文章润色，为创造的大厦添砖……你完全不用为琐事杂务劳神，不用为人间不平而忧心，若能进入这种境界，你就能在充斥着虚无的社会中寻觅到一个真实的自我。可以说，孤独是自我深思、自我完善的一个良机。因为，超越自我、超越时空的局限，投身于人类科学和文化的创造，就会体验到一种深刻的、高尚的、永恒的充实和快乐，就能进入幸福的美好境界。

学会享受孤独，就会在沧海桑田的变迁中收集新绿。与其让生命在无休止的纷争中窒息，何不置身孤独，漂洗心扉，净化灵魂。如果非要登上绝顶才能见到日出的辉煌，不如一个人静静地躺在山脚的溪边，看映在水中半残的虹；如果一定要似夜莺的歌唱才能打动别人，不如孤雁一鸣，划破天空的寂静。

世界上每一个人都需要适当地享受孤独，太嘈杂的生活会让人疲惫不堪，太烦琐的事情会使人精神恍惚。一个人没有朋友固然寂寞，但如果忙于周旋在没完没了的社交之中而没有机会倾听自己，则更加可怜。孤独是一种境界、一种美。

包容能让我们拥有更多

在班里,大家都很喜欢跟糖糖玩。对这我很奇怪,我在想,到底是什么原因让大家都很喜欢她呢?

我和菲菲讨论了半天,也不知道为什么大家都喜欢跟她玩。

我把自己的疑问告诉妈妈,妈妈让我回忆回忆糖糖都做过什么事情。在妈妈的指点下,我才发现,原来糖糖做了好多我们做不到的事情啊。

每次她和别人在一起的时候,她总是考虑别人比考虑自己多。她总是说吃亏是福,总是对大家非常包容。

"也许是包容?"

我说给妈妈的时候,妈妈点了点头。

两个人的悄悄话：

妈妈告诉我，懂得包容的人是受欢迎的，而且活得愉快而充实。

在生活中，我们因为理解而宽容，因为宽容而舒适。正像人们常说的那样："宽容是人间最大的美德。"

人活一世，难免会出现这样那样的过错和失误。这个时候，一句宽慰和谅解的话，也许就能扫除心里的障碍，走出失败的阴影。相反，如果在别人最需要你谅解的时候，你却恶语讥讽，那对对方而言无疑是雪上加霜。如果处在对方的立场，当你需要别人的宽容时，你希望得到哪种结果？相信一定是前者。既然这样，那就学着多宽容人，多体谅人，这会让你拥有更宽广的心胸，也拥有更多的朋友。

由此看来，宽容确实是一种高贵的品质、崇高的境界，是精神成熟、心灵丰盈的体现。有了这种品质、这种境界，人就会变得豁达，变得成熟。宽容是一种仁爱的光芒、无上的福分，是对别人的释怀，也是对自己的善待。有了这种光芒、这种福分，人就会远离仇恨，避免灾难。

因此，对于初涉人世的青春期女孩来说，不要过分纠结于身边朋友可能出现的错误或失误，试着用宽容的心态来看待，你会成熟很多、成长很多，同时也会收获更多的从容与快乐。

第七章
青春期要战胜这些心理病

自卑、胆怯、固执、嫉妒……这些听起来很负面的心理其实我们每个人都有，只是它们只在特定的时间才发作。对于它们，我们不能置之不理，最好的方法就是，在青春期就掌握控制它们的方法，而不是慢慢被它们控制。

总是自卑

致青春期女孩：
心理篇

洲洲家生活条件特别好，她自己也很努力，作业每次都做得很好，而且考试成绩也很好，她好像就没有不好的地方。在我看来，她的一切都是好的，她身上仿佛闪耀着光环。每次和她在一起，我就觉得自己很差，很自卑。

我不知道怎样才能自信起来，这让我很苦恼。

两个人的悄悄话：

妈妈知道我总是很羡慕洲洲，总是觉得她很好，一切都好，而自己很自卑。妈妈告诉我，这种心理很普遍，在现在的生活中大有人在。有许多像你这种年纪的女孩性格孤僻、害怕与人交往，常常觉得自己是茫茫大海上的一叶孤舟，喜欢一个人顾影自怜，或是无病呻吟。

妈妈说，孤独自卑的人往往将自己封闭在一个自我的狭小范围内，独自在这块小圈圈地里品尝寂寞，并且拒绝他人的善意介入。这样的人，到头来损失最多的还是他自己。

造成自卑的原因多而复杂，比如学习上的挫折、缺乏与异性的交往、失去父母的挚爱、周围没有朋友等。此外，自卑心理的产生也与人的性格有关。比如有的人情绪易变，常常大起大落，容易得罪别人，因而使自己陷入一种自卑的状态。

至于如何克服自卑心理，妈妈提了几个小建议：

1. 用补偿心理超越自卑。

补偿心理是一种心理适应机制，从心理学的角度来分析，这种补偿其实就是一种"移位"，克服自己生理上的缺陷或者心理上的自卑，是把更多的精力用于发展自己其他方面的长处、优势，赶上或超越他人的一种心理适应机制。这种心理机制的作用，使自卑感反倒成为许多成功人士的动力，他们的自卑感越强，寻求补偿的愿望就越大，成就大业的本钱也就越多。

2. 用乐观的态度来面对失败。

在自我补偿的过程中，还需要正确地面对失败。要知道，在人生的道路上，一路顺风的人少，曲折坎坷的人多，成功是由无数次失败构成的，美国通用电器的创始人沃特曾经说："通向成功的路，就是把你失败的次数增加一倍。"

面对挫折和失败，唯有乐观的心态，才是正确的选择。其一，做到坚忍不拔，不因挫折而放弃追求；其二，注意调整、降低原先脱离实际的目标，及时改变策略；其三，用"局部成功"来激励自己；其四，采用自我心理调适法，提高心理承受能力。

致青春期女孩：
心理篇

害怕孤独

第七章 青春期要战胜这些心理病

最近几天菲菲生病了,没来上学,平时我们俩在学校里形影不离,一起上课,课间活动一起玩,中午一起吃饭,放学一起走,就连上厕所,我俩也一起去,可是,她现在没来上学,干什么都没人陪着了,有时候和别的同学在一起,人家也有自己的好朋友,总觉得不自在。我这是不是心理有问题呢?

两个人的悄悄话:

我的一举一动都逃不过妈妈的眼睛,妈妈告诉我,如果她没有判断错的话,我应该是有一些孤独心理在作祟。

处于青春期的女孩,一般很容易感到孤独,她们都有这样一种体验:觉得自己是大人了,于是总想在一夜之间成熟起来。沉

觉得父母的关心不再像过去那样暖融融地可以打动心扉，反而觉得唠叨刺耳；老师似乎也失去了往日的威信，就连平时最要好的同学，现在也不是亲密无间、无话不谈了，自己一肚子的心事，不知道该和谁诉说，难怪女孩总要感叹："没有人理解我！我好孤独。"

其实，女孩孤独心理的形成，虽然与个人性格发展及生活经历有关，但起更重要作用的是人际环境的制约。所以，当一个女孩形成了孤独心理之后，最需要的是家长、老师、同学的共同协助。女孩更应该多和他人接触，才能改善自己的情绪。如果想克服孤独感，必须从以下几个方面入手：

1. 尽量缩小与同龄伙伴的距离。

既不自傲清高，做脱离集体、高高在上的"超人"；也不自卑多虑，脱离同伴，做索然独居的"怪人"。从文化教养到兴趣爱好的各个方面，都应该与同代人互相沟通、互相学习。

2. 放开自我，真诚、坦率地把自己交给别人。

要主动亲近别人，关心别人，因为交往是一个互动互助的过程，所以别人也会对你以诚相待。这样，你就能扩大社交面，融洽人际关系，不再形单影只，孤独感自然就会消退了。

3. 培养广泛的兴趣、爱好。

为自己安排好丰富有益的业余生活，把思想感情从孤独的小圈子中解脱出来，投入广泛的社会活动中去。

致青春期女孩：
心理篇

一说话就脸红

每次见到陌生人我都会脸红,而且特别不好意思。有一次妈妈单位开联欢会带我去参加,到了那里,叔叔阿姨问我话,我都很小声地回答了,后来在晚会上的有奖问答环节,妈妈鼓励我,要是知道答案,就说出来。可是,我就是不好意思回答。

虽然妈妈在旁边不断地鼓励我大胆说出来,可我还是没能战胜自己。我有时候觉得自己好没出息。

两个人的悄悄话:

回来的路上,妈妈对我说:"熙熙,妈妈年轻的时候也和你一样,害怕在人多的时候说话,一说话就脸红。其实这些都是很正常的,你不要有太大的心理压力。"

致青春期女孩：
心理篇

妈妈告诉我，害羞是一种难以描绘的情感屏障，是人人都能触及的精神茧壳。而人往往又在这种心理的网罗下，作茧自缚，所以，要破茧成蝶，就要打开束缚，勇敢地面对生活。

马克·吐温说："人类是唯一会害羞的动物，人类有时也需要害羞一点。"但是，人们不应该在正常行事的过程中害羞，同样，也不应该在一个连动物都会害羞的场合下无动于衷。

害羞有时会是一种痛苦。它有时使我们变得懦弱、不安、不快。我们会感觉自己很愚蠢，像一只被观赏玩弄的动物一样。但是，害羞是可以克服的。当然，这不是一蹴而就的事情。

萧伯纳年轻的时候就非常害羞。有一次，他到一条街上去付账，他在街上来回走，就是没有勇气去敲门。

今天，人们可以对萧伯纳作出很多种评价，但是没有人会说他害羞。后来，他之所以喜欢做惊人之举，从心理学的角度讲，是为了弥补自己的害羞。

在美国有40%的成年人有害羞表情，在日本有60%的人为自己害羞，在我国，几乎所有的人都有害羞的经历，连宋代大诗人苏轼也曾有过"归来羞涩对妻子"的尴尬场面。有专家认为，害羞心理并不都是消极的，适度的害羞心理是维护人们自尊自重的重要条件。有人调查表明，害羞的人能体谅人，比较可靠，容易成为知心朋友，他们对爱情比较忠诚，保持自己的贞操。当然，这里讲的是"适度"，如果过于害羞，那就成了心理障碍。

我们如何才能控制自己害羞的情绪呢？答案就是：不要再考

虑自己，下定决心，勇敢地着手做自己不敢做的事情。

　　下定决心去做自己不敢做的事情，当然，这样做最初是很困难的，但是，如果我们能够勇敢地面对我们感到害羞的事情，我们就可以控制它。

第七章 青春期要战胜这些心理病

致青春期女孩：
心理篇

太固执，就成了偏执

蓝蓝在很小的时候父母就离婚了，她跟着妈妈一起生活。蓝蓝妈妈整天忙着工作，很少参加蓝蓝班里的活动，蓝蓝总觉得自己没有别人幸福，每次看到其他同学都有父母陪着过来的时候，蓝蓝打心眼里难受，她觉得自己的世界就是灰色的，一点阳光都没有。

蓝蓝总是敌视大家，她也很少跟同学们在一起玩，她总是一个人默默地待着。

后来，在体育课上，我找过她几次，让她跟我们一起玩，她总是不说话，甩甩手就走了，时间长了，大家都不怎么和她玩了。

如果我们看着她或者说话的时候提起她，她就会以为我们是故意针对她，觉得我们在背后说她坏话，她也因此去找老师告状。

老师调查了一圈下来，发现我们并没有说她坏话，老师也就不再管了。

蓝蓝的心结没打开,她对我们越来越敌视了,她在班里也越来越孤立了。

其实我们都想帮助蓝蓝,但是我们都无能为力,她太固执了,她把自己紧紧地封闭起来,让我们根本就打不开她的世界。

两个人的悄悄话:

妈妈告诉我,她这是过分偏执造成的。具有偏执型人格障碍的青少年,敏感多疑,心胸狭隘,对人过分警觉和嫉妒,常处于戒备和紧张的状态之中,易歪曲他人中性或是善意的动作,并对别人采取敌意和藐视的态度,对事情的前后关系缺乏正确评价,容易发生病理性嫉妒;自我评价过高,总觉得自己是最主要的,做错事之后拒绝批评,对挫折和失败过分敏感,而且冲动好斗;经常有一些超价值观念和不安全感,经常感到不愉快。

实际上,偏执型人格障碍更多见于男孩,不过也会有女孩存在这种人格障碍,一般是从幼年发展而来。

1. 患有偏执型人格障碍的人普遍具有的特点。

(1)感觉过于敏感,对别人的侮辱和伤害耿耿于怀。

(2)思想行为固执死板,敏感多疑、心胸狭窄。

(3)爱嫉妒,对别人获得的成就嫉妒,妒火中烧,喜欢寻衅争吵,背后说风凉话,或者公开抱怨或指责别人。

（4）自以为是，对自己的能力估计过高，惯于把失败和责任推给别人，在工作和学习上往往言过其实。

（5）自卑，总是过多过分地要求别人，但从来不信任别人的动机和愿望，认为别人存心不良。

（6）不能正确、客观地分析形势，习惯从个人的感情出发，主观片面性大。

这样的孩子如果将来建立了自己的家庭，也会经常怀疑自己的配偶不忠实。

2. 治疗偏执型人格障碍的方法。

应该采取以心理治疗为主，克服其多疑敏感、固执、不安全感和自我中心的人格缺陷。主要有以下几种方法：

（1）认识提高法：由于患者对别人不信任、敏感多疑，不会接受任何善意忠告，所以首先要与他们建立信任关系，在相互信任的基础上交流感情，向他们全面介绍其人格障碍的性质、特点、危害性及纠正方法，使其对自己有正确、客观的认识，并自觉自愿产生要求改变自身人格缺陷的愿望。这是进一步进行心理治疗的先决条件。

（2）交友训练法：鼓励他们积极主动地进行交友活动，在交友中学会信任别人，消除不安感。

交友训练的原则和要领如下：

首先，要真诚相见，以诚交心。要相信大多数人是友好的，是可以信赖的，不应该对朋友，尤其是知心朋友存在偏见和不信任态度。必须明确，交友的目的在于克服偏执心理，寻求友谊和

致青春期女孩：
心理篇

帮助，交流思想感情，消除心理障碍。

其次，在交往中尽力主动给予知心朋友各种帮助。这有助于以心换心，取得对方的信任并巩固友谊。尤其当别人有苦难的时候，更应该鼎力相助，患难中见真情，这样才能取得朋友的信赖并增进友谊。

最后，注意交友的"心理相容原则"。朋友间性格、脾气应相似和一致，这有助于心理相容，搞好朋友关系。

另外，性别、年龄、职业、文化修养、经济水平、社会地位和兴趣爱好等也存在"心理相容"的问题。但是最基本的心理相容条件是思想意识和人生价值观的相似和一致，正所谓"志同道合"，这是巩固友谊、发展合作的心理基础。

（3）具有偏执型人格障碍的人遇事喜欢走极端，这与头脑里的非理性观念相关联。因此要改变偏执行为，偏执型人格患者首先必须分析自己的非理性观念。比如"我只相信我自己""我要比他更强""我要表现得很强""我不能容忍别人一丝一毫的不忠"，等等。必须对这些非理性的观念进行改造，除去其中极端偏激的成分。每当故态复萌时，就应该把改造过的合理化观念默念一遍，以此来阻止自己的偏激行为。

致青春期女孩：心理篇

依赖别人，不独立

我们班上的豆豆是出了名的不独立，她做什么事情都依赖妈妈，最让我们不理解的是，她的书包都是她妈妈帮助收拾的，上课的时候，经常看见她在那里乱翻书包地找自己的东西。问她找什么，她说在找前一天写好的作业。看着她翻得乱乱的书包，我们都劝她前一天要自己收拾书包，这样，第二天需要什么，就很容易找到了。当时她答应得好好的，可是第二天仍然会重复前一天翻书包的情况。

看着豆豆，我也在不断反思自己，我有没有过分依赖妈妈的情况呢？

两个人的悄悄话：

妈妈告诉我，我现在还好，并没有严重的依赖她的现象，可是豆豆很有可能存在着比较严重的依赖型人格障碍。依赖型人格障碍是一种以依赖心理为主要特征的人格障碍类型，青少年患者一般缺乏自信，自以为难以独立，自愿从属别人，任凭别人左右，如对学业、职业的选择需要靠父母和他人决定，为了获得别人的帮助，不惜逢迎讨好。

这种依赖性人格障碍一般源于个人发展早期的一些问题。有的父母过分溺爱子女，并且鼓励子女依赖父母，不让他们有长大和自立的机会，以至久而久之，在孩子的心中就会逐渐产生对父母或是权威的依赖心理，长大之后依然不能自主，缺乏自信心，总是依靠他人来做决定，不能负担起独立选择采纳各项任务、工作的责任，形成依赖性人格障碍。

对这种依赖性人格障碍的治疗，可以采用如下的方法：

1. 依赖性人格的依赖行为已成为一种习惯，治疗首先必须破除这种不良习惯。仔细检查自己的行为中哪些是习惯性地依赖别人去做，哪些是自己决定的。对于自主意识强的事件，以后遇到同样的情况，应该坚持自己的决定。比如，自己喜欢穿颜色艳丽的衣服，那么以后就要坚持下去，而不要因为周围人的闲言碎语而放弃自己的想法。这样的事情看上去很小，但却是纠正依赖他人这种不良习惯的突破口。

依赖的行为并不是轻易就可以消除的，一旦形成了习惯以后，就会发现自己想决定每件事情都很难，可能会不知不觉地回到老路上去了。为了防止这种现象发生，最简单的方法就是寻找监督者来监督自己。

2. 如果只是简单地破除了依赖的习惯，而不从根本上找原因，那么依赖的行为也可能复发。所以，重建自信的方法能从根本上矫正依赖型人格障碍。

（1）清除童年的不良印迹。依赖型的人一般都缺乏自信，自我意识十分低下，这与童年时期的不良教育在心中留下的自卑痕迹有关。最好的方法是回忆童年时父母长辈说过的对自己有不良影响的话，比如："你真笨，什么也做不出来""瞧你那笨手笨脚的样子"，等等，把这些话仔细地整理出来，然后一条一条地消除。

（2）重建勇气。可以选做一些略带冒险性的故事，每周做一项，例如：独自一人到附近风景点作短途旅行；独自一人去参加一项娱乐活动；或是一周规定一天"自主日"，这一日，不论什么事情，绝不依赖他人，通过做这些事情，可以增加勇气，改变以往事事依赖他人的弱点。

致青春期女孩：
心理篇

得意忘形和郁郁寡欢

第七章 青春期要战胜这些心理病

我和我很多小伙伴们一样，考试分数高了，成绩好了，就得意忘形，喜形于色；考试分数低了，成绩不好了，就萎靡不振，觉得世界仿佛都要塌下来了。

有时候成绩不好，我吃饭吃得都很少，成绩好了，就要求妈妈做各种好吃的。妈妈说我这样不好，说我这是不成熟的表现，说我这样老是被情绪牵着鼻子走，太没定力了。

两个人的悄悄话：

妈妈告诉我，情绪是人对事物的一种最浮浅、最直观、最不用动脑筋的情感反应。它往往只从维护情感主体的自尊和利益出发，不对事物做复杂、深远和有智谋的考虑，这样的结果，常使自己处在很不利的位置上，或为他人所利用。

每个人情绪的"开关"就掌握在自己手上，是我们自己而不是别人在控制我们的情绪。在同样的负担下，谁的情绪更好、身体更健康，取决于谁更善于控制这些"开关"，从而保持一种积极健康的情绪。

控制情绪不是一件非常容易的事情，因为我们每个人心中永远存在着理智与感情的斗争。自我控制、自我约束也就是要求我们按理智判断行事。一个真正具有自我约束力的人，即使在情绪非常激动时，也能够做到这一点。

我们每个人都在努力做使自己生活更有意义的事，并且在向着未来的目标奋进。我们绝不应该采取仅使今天感到愉快而丝毫不顾及明天可能发生的后果的态度。我们的情绪大多容易倾向于获得暂时的满足，所以我们要善于做好自我约束。因此，在追求一种有意义的生活时，我们应当努力控制自己的情绪，使自己向好的一面发展。

问一问自己，你常常头脑发热吗？你曾经因冲动犯傻吗？你尝试控制过自己的情绪吗？下面介绍几种控制情绪的方法：

当我们受到无法避免的痛苦打击时，长期沉浸在痛苦之中，既于事无补，又影响自己的学习和工作，损害健康，所以，我们应该尽快把自己的注意力转移到那些有意义的事情上，转移到最能使你感到自信、愉快和充实的活动上。这一方法的关键是尽量减少外界刺激，尽量减少它的影响和作用。

任何情绪和情感的产生都有其根源，有时它隐藏得很深，我们很难觉察，但是它却似一只无形的手，牢牢地把握着情绪的

致青春期女孩：
心理篇

发展方向，我们只有紧紧抓住这只无形的手，才能从被动转为主动，才能把情绪控制在自己理智所及的范围之内。有时候，情绪和情感发生的原因十分简单和明显，但我们却可能故意避开这种伸手可及的原因，找出许多次要的无关的理由，因为要正确地找出某些情绪的原因常常会使人痛苦。例如，当我们内心受到严重的伤害时，我们不敢也不愿承认自己之所以受到伤害是由于自己本身的脆弱和无能，我们可能曲折而迂回地从外界去找原因，或把自己完全置于无辜的位置，以求得内心的平衡。不敢正视自己，不敢正确评价自己，这阻碍着我们对自己进行理智的认识和评价。我们一定要克服这种毛病。

每一个人的生活中都包含各种体验，你可以多回忆积极向上、愉快的生活体验，这有助于克服不良情绪，保持乐观的心理状态。比如说一次考试失利，不要总是沉浸在懊丧里自怨自艾。也许有些题目你的答案正确，可是分数高的同学却没有做出来，这说明你还是有能力的，成绩不好，不过是暂时的。在这种情况下，振作精神，客观冷静地找出原因要比灰心丧气好得多。

同样，我们要有意识地搜集能让我们快乐的生活片断，将它们剪辑到我们的记忆中，并时时在脑海里播放。

有一句话说得好，"保持好情绪的最好方法就是多看看比我们还不幸的人。"悲观的失败者视困难为陷阱，乐观的成功者视困难为机遇，结果就有两种截然相反的生存轨迹。

凡事从好处想，就会看到希望，有了希望，才能增添我们生存的勇气和力量。面对不良情绪困扰的时候，我们不妨换个角度想想，别人能做到的，我们为什么做不到呢？

致青春期女孩：
心理篇

太讲面子

楠楠和薇薇是同桌。楠楠的家庭条件特别好，楠楠上学都有司机接送，每次我们一起出去玩，楠楠总是抢着埋单。虽然薇薇和楠楠关系还行，楠楠也挺照顾薇薇的，但是薇薇总是有点躲着楠楠。后来我们才知道，薇薇家的经济条件原来还可以，但是自从她爷爷奶奶生病以后，经济条件就不好了。

薇薇开始还跟楠楠经常一起玩，后来，就经常拒绝楠楠的邀请。楠楠的生日聚会，她也找理由没去参加。我们找薇薇聊天的时候，薇薇才说出原因来。薇薇说，每次和楠楠在一起，楠楠一切都很好，虽然楠楠对她也很好，可是她还是觉得没有面子。

薇薇说完了，但我并不知道应该怎样开导她。

两个人的悄悄话：

我把这件事情讲给妈妈听，我问妈妈："薇薇的这种情况算是虚荣心吗？"

妈妈告诉我，薇薇的这种情况不算是虚荣心。但是虚荣心确实在女孩中普遍存在。妈妈为了让我远离虚荣心，就跟我又聊了起来。

虚荣心就是以不适当的虚假方式来保护自尊心的一种心理状态，这种心态在女生中极为普及。很多女孩在虚荣心的驱使下，往往只追求面子上的好看，而不顾现实的条件，最后对自己造成危害。有时在强烈的虚荣心驱使下，甚至会产生可怕的动机，带来非常严重的后果。

曾经有这样一个报道：一个原本工作出色的年轻人，由于羡慕别人有钱有地位，自己设计了一个火灾现场，装作英雄去救人，后来经过调查核实，火灾是他一手制造的，虚荣心使他冲昏了头脑，他不仅没有得到自己想要的，还断送了美好的青春，最后进了监狱。他毫不掩饰地承认，他这次犯罪的动机就是为了获得名誉。由此可见，虚荣心是要不得的，应当把它及时克服掉。

虚荣心的产生也与人的心理需要有关。人类的心理需要分为安全需要、爱的需要、尊重的需要和自我实现的需要。其中尊重的需要就包括了对成就、力量、名誉、地位、声望等方面的欲望。与自己的现实情况相符合的需要才是正当需要，否则，有人就很有可能通过不适当的手段来获得满足，因此，有的人说，"虚荣心是一种歪曲了的自尊心"这话有一定道理。

如果要克服虚荣心，应该从以下几点着手：

1. 要做到自尊与自重，这是克服虚荣心的关键。

做人起码要诚实、正直，绝不可以为了一时的心理满足，而不惜用各种手段。有的女孩为了满足物质的需求，甚至会牺牲自己最宝贵的贞操，这是值得我们深思的。只有把握住自尊与自重，才不至于在外界的干扰下失去人格。

致青春期女孩：心理篇

2. 需要树立崇高的理想。

我们应该追求内心真实的美，不可以图虚名。很多人能在平凡的岗位上做出不平凡的成绩，就是因为有自己的理想并脚踏实地地加以实践，同时，做到有自知之明，这就要正确评价自己，既看到自己的长处，又看到自己的不足，把消除为实现理想而存在的差距作为主要的努力方向。

3. 正确地对待舆论。因为虚荣心与自尊心是紧密联系的，而自尊心又和外界的舆论密切相关。别人的眼光不足以动摇我们，外界的舆论不应当成为影响我们进步的外因，只要我们立定脚跟，不停地努力下去。我们就能成功，只有这样的自信和自强，才能不被虚荣心所驱使，成为一个真正高尚的人。

看不了别人过得好

第七章 青春期要战胜这些心理病

又到了大家庭聚会的时候。

小时候,我还很喜欢参加这种聚会,每次都会见到一堆亲戚,大家在一起,其乐融融。可是现在,我越来越不喜欢参加这种活动了。

妈妈很困惑我怎么会有这种表现。

"妈妈,上次我听到有人说我表姐,说不就考了个重点高中吗?看见人连话都不说,分再高都没用。"

妈妈听到我的话,显得很诧异。

"妈妈,我看她那么说我表姐,挺生气的。因为当时我在表姐旁边,她正在接电话,根本没时间打招呼呢。"

妈妈看我还有话说,就等着我开口。

"妈妈,我觉得她们这是嫉妒,因为表弟学习不好,所以见表姐成绩好,表弟的妈妈就说出这么难听的话了。"

妈妈虽然知道了原因，可是她并没有同意我拒绝参加聚会的请求，妈妈说我必须跟着她去。然后拉着我就上车了。在车上，妈妈又给我讲了起来。

两个人的悄悄话：

妈妈给我讲了一堆大道理，她告诉我，嫉妒是基本的人性之一，只不过有的人会把嫉妒表现出来，有的人则把嫉妒深埋在心底。

嫉妒是无所不在的，朋友之间、同事之间、兄弟之间、夫妻之间、亲子之间，都有嫉妒的存在，而这些嫉妒一旦处理失当，就足以毁灭一个人。朋友、同学、同事之间产生嫉妒大多是因为以下的原因，例如："他的成绩又不见得比我好，可是老师却喜欢他！""他和我是同班同学，在校成绩又不比我好，可是竟然比我发达，比我有钱！"换句话说，如果你受到了肯定或奖赏、获得某种荣誉时，那么你就有可能被同学或同事中的某一位（或多位）嫉妒。女孩的嫉妒会表现在行为上，说些"哼，有什么了不起"之类的话，但男孩的嫉妒通常摆在心里，摆在心里也就算了，有的则开始跟你作对，表现出不合作的态度。

那么，如何避免和调适嫉妒型性格，使我们不再嫉妒呢？

1. 竞争、进步、向上。

嫉妒别人的人往往把宝贵的时间用在嫉妒别人身上，而自己却产生焦虑、悲哀、猜疑、消沉、烦恼、敌意等不良情绪，这是一种最愚蠢的做法。为什么要嫉妒他人呢？你把对方的长处学来、借鉴过来，不就成了自己的宝贵财富吗？光阴似箭，人生苦短，与其将有限的精力耗在嫉妒他人的成功上，不如抓住时机，做几件实实在在的事，更有意义。就像鲁迅说的那样，"不要只用力于抹杀对手，使他和自己一样空无，而应该跨过那站着的前人，比前人更加高大。"我们可以把鲁迅指的前人理解为走在自己前面的人、比自己先成功的人，包括和自己生活在同一生活时间和空间的人。生活中的嫉妒主要发生在同一环境、同一领域中的人中间。普列汉诺夫曾说："在人类智慧的发展史上，因为某一个人物成功而妨碍另一个人物获得成功的情形是稀少得无比的。"一个观点的提出、一项研究的成功，留给后人的是新开拓的领域和道路，因此，供人驰骋的天地更加广阔无比。在科学的领域里如此，在其他领域里也如此。只要你敢于奋斗，并且不断提高自己的能力和竞争的心理素质，你一定能以真才实学赶上和超过别人。嫉妒这种负面情感是阻止青少年朋友前进的拦路虎。当你全心全意地去为自己的事业奋斗时，就不会有时间去嫉妒别人了，因为，"嫉妒是一种四处游荡的情绪，能享用它的只能是闲人"。

2. "酸葡萄"与"甜柠檬"的自慰法。

"酸葡萄"心理是指自己得不到的东西，便故意贬低它的价值，以使自己感到心安，抵消心中的不服气。伊索寓言中，狐狸吃不到葡萄说葡萄酸的故事众所周知。这说明想吃葡萄而吃不到的人用贬低葡萄的办法来求得心理平衡。意思是说，不好的东西我得不到也无所谓，这虽然是一种自欺欺人的办法，但只要能安慰自己不去嫉妒别人，也算是可取的。"甜柠檬"心理是指一个人知道自己眼下的境况很不理想，却强迫自己说："这不是也挺好的嘛。"鲁迅笔下的阿Q精神，其精华部分就是"精神胜利法"，即知足常乐。一旦知足常乐了，就不会去嫉妒别人。

3. 帮助敌对者可以消除嫉妒。

当你发现你所嫉妒的人需要有人帮助去办成一件事情时，你就全心全意地去帮助他。这时，你与他的目标一致了，就会由嫉妒他的心理转向为共同的目标奋斗的心理了。当这件有意义的事情完成后，你从他身上学到了不少长处，你们也由敌意者变成合作者了。

嫉妒是愚人的做法，它害人又害己。告别嫉妒心理吧，莫让它伤害他人、损害社会、贻害自己的身心健康。

第八章

和男生之间的那点事儿

女生和男生之间相处起来，说难不难，说简单也不简单。男生也可以做好朋友，但是随着年龄的增长，与男生相处起来没有和女生相处那么随便。女生和男生之间，掌握好交往的尺度，一样可以做好朋友。

收到小纸条以后怎么处理

上完体育课回到教室，我在无意中发现课本里夹了一张小纸条。我拿出那张纸条，展开一看，顿时感到心突突乱跳，脸发烫，原来那是一封情书。因为吓了一跳，所以我只匆匆看了一眼，就迅速把纸条攥在手中，环顾四周，生怕别人看到。可是又压抑不住心中的好奇和兴奋，我把纸条放到书桌里，又偷偷地看了一遍。此时的我仿佛感觉到后座的那个男孩正用火辣辣的双眼紧盯着自己的后背。我又紧张又尴尬，短暂的惊喜过后，开始变得忐忑不安起来，不知道该如何去处理这封情书，也不知道该如何去面对写纸条的男生。

这件事成了我的一块心病，接下来的很多天，我所有的心思都在这件事上。我开始躲着他，不敢再与他讨论任何问题，甚至不敢回头看他一眼，两人的目光偶然相遇时，也非常不自然。渐渐地，我觉得压力越来越大，甚至有些恐慌，不知道该如何处理这种事情。还是我妈妈帮忙吧。

两个人的悄悄话：

妈妈告诉我，情书，《现代汉语词典》对这个词的解释是：异性之间表示爱意的书信。我们每个人或多或少都会收到一些情书，而当收到情书的那一刻，很多人在兴奋激动之余，多了一股莫名的慌张，不知道自己下一步该怎么办。尤其对那些情窦初开，但是缺乏相关知识和阅历的青春期女孩来说，更是欣喜中夹杂着忧愁。

妈妈说，其实，我根本不必那么紧张，在青春期，男女生之间相互表示好感是很正常的事情。情思萌动的年龄，谁都会对异性产生好感、倾慕，只是有的人表达了出来，有的人藏在了心中。

首先，必须肯定的是，这是一件美好的事情，也是很正常的。情书带来的甜蜜是因为觉得有人欣赏自己，喜欢自己，这是一种骄傲。忧愁是由于自己缺乏心理准备和处理方法而导致的恐慌。在某种程度上，是因为女孩子把这件事想得太复杂了。

女孩也许想当然地认为这件事是不正常的，是羞于见人的，怕别人知道后遭人耻笑，也怕家长知道后责骂。所以，女孩会表现出某种程度的害怕，严重者甚至会为此心事重重，影响正常的学习和生活。

其实，少男少女间的情感总是透着一种说不清、道不明的

朦胧美，这种感情是干净纯洁又充满神秘感的。作为女孩，当懵懂冒失的少年自己都不明白自己干了什么的时候，你又何必过于在意，那不过就是男孩对你产生了喜欢、倾慕、好感的一种表达方式罢了。而且，情书并不一定代表着爱情，对青春期的孩子来说，写情书不过是一种性意识的冲动，很可能是转瞬即逝的，一般不会持久，因为他自己也根本不懂什么是爱情。

所以，当女孩收到男孩的情书时，可以把这看作是对方对自己的欣赏和好感，应该用善意的方式来回应，在感谢对方的同时，理智地面对这件事：既不用回信，也不要把对方的这种行为看做是"耍流氓"，更不要交给老师或者家长。否则，很可能伤害了纯真的心灵和感情。

致青春期女孩：心理篇

青春期女孩有义务尊重别人的隐私，不要伤害别人的好意。可以一如既往地和对方交往，就当这事没有发生，保持沉默就是对他最好的回答。交往不必中断，但尽量避免两个人单独相处，否则，会给对方错误的引导，令彼此尴尬。待大家冷静一段时间后，敏感期就会过去，友谊依然可以继续。经历过这件事情后，彼此肯定会成熟许多。

但是，如果真的感到困扰，那就可以找个时间，和他把事情说清楚，告诉并感谢他的表白，同时也要证明不能作为他的恋爱对象，希望他理解。

如果写情书的人是自己喜欢的人，也不要一时昏了头。女孩面临这种情况时，应该在感谢对方对自己的好意的同时，与对方商量，可否暂不为两个人的关系匆匆贴上恋爱的标签。两个人完全可以继续友好交往，等完成学业，再正式谈恋爱也不为迟。

我偷偷地喜欢上他

第八章 和男生之间的那点事儿

菲菲偷偷喜欢上了那个帅帅的男生——晨晨。晨晨并不知情，菲菲就是在心里暗暗地喜欢着他。

菲菲因此变得很苦恼，看她难过的样子，我想劝劝她，但是没有合适的办法。只能求助于妈妈了。

两个人的悄悄话：

妈妈告诉我，偷偷地喜欢一个人，这就是我们常说的"单恋"。这也是一种常见的感情表达方式，多发生在较为内向、自卑、胆小的人身上。

发生单恋还有一个原因是，青春期的孩子心理尚未完全成熟，不懂得如何去表达和真正爱一个人，缺乏爱的技巧，因此，单恋被解释为：一方对另一方的以一厢情愿的倾慕与热爱为特点的畸形爱情。

既然是畸形的，那就是非正常的。不正常之处在于，单恋多是一场感情误会，是青春期"爱情错觉"的产物。"爱情错觉"是指因受对方言谈举止的迷惑，或因自身的各种主观体验的影响而错误地主动涉足爱河，或因自以为某个异性对自己有意而产生的爱意绵绵的主观感受。

致青春期女孩：
心理篇

对那些性格内向、不爱交往的女孩来说，不善于排遣自己内心的单相思情结，就有可能带来较为严重的后果，比如变得孤僻、苦闷，以至于精神萎靡，不思茶饭，就像歌里唱的那样——相思成灾了。唯一解脱的方法，就是用积极的想法将自己从相思的旋涡中拉出来。

1. 扩大人际交往圈。

女孩可以广交朋友，将注意力转向其他朋友，用更多的来自其他朋友的友情来填补感情上的暂时空缺。还可以向自己信赖的知心朋友或长辈倾诉自己的苦闷，求得他们的理解，尽快走出感情旋涡。

2. 自我解脱。

把精力更多地放在学习上，以转移自己的注意力。另外，也要多参加一些集体活动，以分散自己的注意力，尽量避免单独与该男生接触。

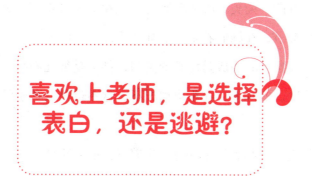

喜欢上老师，是选择表白，还是逃避？

电视里演一个高中女生喜欢上了她的老师，我问妈妈："这种情况会发生吗？发生了该怎么办呢？"

妈妈听完我的问题愣了一下，她说这个问题值得探讨，于是，我和妈妈的周末聊天就成了这个主题。

两个人的悄悄话：

妈妈告诉我，青春期的女孩喜欢上自己的任课老师，这不仅仅是电影里的故事，而且也经常会发生在我们身边。

相比较身边男同学的青涩、单纯，甚至愚笨，那些阳光、帅气、可爱的年轻男老师的优势太明显了。他们往往是情窦初开的女孩心目中的白马王子，在女学生心目中，他们不只是老师，更是爱慕的对象。

正所谓"爱美之心人皆有之",女学生喜欢上男老师也不是什么新鲜事,在她们看来,老师几乎是完美的人,而且很容易将老师的几次关心当成是特殊的关照,甚至是彼此心照不宣的某种信息传递。实际上,在很多情况下,这不过是女孩子的胡思乱想罢了。

首先,老师和学生的身份有着巨大的差距。其次,女学生正处于青春期,性意识的萌动让她们还不懂得把握这种情感,只会盲目地冲动,而且感情还很幼稚,对爱的理解太浅薄,也根本不会去考虑未来的事情。更为重要的是,她们只是喜欢上老师的一面,对老师未展现出来的另一面丝毫不了解,盲目性很强。

也许恋情来得的确热烈,但由于缺乏实在的基础,很难持久。而且读书时代谈恋爱容易分散精力,影响学业。况且青春期女孩心智根本就不成熟,很难发展成真正的爱情。

因此,当真的发现自己喜欢上老师后,不要急着表白,也不要急着否定自己,而要把这种喜爱化作对老师辛苦教学的敬意和感谢,这样,不但能够留下美好的回忆,也能够密切师生关系,给学习带来额外的动力。

如果恋上自己的老师,要学会调节自己的心理。

1. 要远距离欣赏。

老师是很有魅力的,为了不坠入情网,你和老师拉开距离,不要近距离接触,这样,对老师的喜欢和欣赏就会朦胧些。

2. 把老师的学识、修养、人品作为你人生的追求目标。

致青春期女孩:
心理篇

不断提高自身的文化素质和艺术修养，当你长大了，你的知识、阅历、思想都有提高了，你就会发现，自己已经不再像从前那样觉得老师有如此大的魅力了。

太阳总是对每个人微笑，当你跳出狭窄小井，你会发现，天空是如此的美丽和宽广。

第八章 和男生之间的那点事儿

致青春期女孩：
心理篇

男生喜欢和什么样的女生一起玩儿

虽然妈妈总是说要和男生保持距离，可是，我还是喜欢和男孩在一起玩。男孩和女孩不一样，和他们一起玩，感觉不到累。

有时候，男生会表现得大大咧咧，还特别会说笑话；有时候，男生喜欢吹牛，喜欢漫无边际地侃大山。男生们一般都很大度，不敏感，不用像和女生说话那样小心翼翼的，生怕哪句话没说好，就惹怒了人家。

我觉得和男孩在一起，能让自己的心情更加开朗，视野变得更加开阔，朋友也会越来越多。

但是我不知道男孩究竟喜欢和什么样的女孩相处，我想成为他们的好朋友，当然，不是早恋那种，是很好的好朋友那种。

两个人的悄悄话：

妈妈听到我这个问题，扑哧就乐了。

妈妈告诉我，不管是男生还是女生，大家都喜欢跟交往起来不累的人交往。

怎么算让自己不累呢？妈妈说，女孩要随和体贴，善解人意。

女孩还要能适应男孩的善变，简单说就是，当男孩想到一个主意时，他喜欢马上将它付诸行动！而女孩往往无法及时适应这种冲动，这种情况常常令男孩十分气恼。很早就拥有适应男孩情绪变化能力的女孩，已经在洞悉如何与男孩相处的问题上抢占了先机，能巧妙地化解这个矛盾。

女生最好是个倾听者，而不要总是扮演倾诉者的角色。当然，聆听别人说话并不只是默不作声，或是滔滔不绝地回应！做一个出色的聆听者，并不是一件简单的事，必须注意聆听的"积极性"，听人说话也要讲究"品质"。只有这样，才能真正做到游刃有余。

学会正确倾听别人的讲话，不仅能让你与男孩相处得更融洽，也能让你和其他人相处得更好。

妈妈最后说，要做真实的自己，才能赢得尊重和友谊。

第八章 和男生之间的那点事儿

致青春期女孩：
心理篇

和男孩交往的尺度

我喜欢和男生交往，可是这件事情让妈妈很担心。她总是担心我早恋，老是东打听西打听的，搞得我没恋爱也想谈一次给她看了。当我把这句玩笑话说出来的时候，妈妈彻底被我打败了。她说："你这青春期我还不能说了，一说就逆反……"

其实，我不是不让妈妈说，而是有时候妈妈说了一遍又一遍的，我的耳朵都起茧子了。

我的玩笑话终于让妈妈坐不住了，她很担心我真的谈一场恋爱给她看，而这，并不是她想看见的。妈妈担心我真的耽误了学习。我知道，周末的大餐一定不是那么好吃的了，妈妈一定会借机给我"洗脑"。

果不其然，当满桌的好吃的让我两眼放光，准备大快朵颐的时候，妈妈又开始给我讲课了。

今天讲的主题就是：和男生交往可以，但是一定要把握好尺度。至于这个尺度，如何把握呢？

两个人的悄悄话：

妈妈告诉我，女孩到了青春期，由于性生理的发展和逐渐成熟，性意识开始觉醒。她们能意识到男女之间的交往与同性之间的交往，无论在交往方式上，还是在交往的内容上，都会有许多不同。因而，不可避免地产生了对异性的一种朦胧的好奇心，渴望了解异性，不自觉地就产生了对异性的一种青涩的爱恋之情。这时的女孩开始有意识地修饰自己的仪表，注意自己的谈吐，希望自己能够引起异性的注意，同时也对异性产生好感。

她们在异性面前或是表现为热情、兴奋，用种种方式表现自己；或是表现慌乱、羞怯和不知所措，面对这一切，许多女孩都会表现出极大的不安。这种变化是青春期异性之间相互吸引的表现，是一种正常的心理变化。到了一定的年龄，每个人都会产生与异性接近的欲望，这是人的一种情感需求，并不是病态，也并不可怕。

人与人之间的情感是极为丰富的，除了爱情之外，还有亲情、友情、同情、敬爱、恩情等。男女之间可以有不带爱情色彩的情感交流，它可以使人感受到温暖，达到心理上的平衡。在"异性效应"的作用下，这种情感的交流更为密切，能达到有效的情感互慰。

致青春期女孩：心理篇

研究表明，虽然人类智力的高低总体上没有性别差异，但男女之间的智力特质有区别。以思维能力为例，男性比较擅长离奇、大胆的抽象逻辑思维，善于抽象和概括，更喜欢用综合的方式对待现实；女性则擅长于具体形象思维，比较感性，更适合处理以实践应用和形象思维为支撑的事情。通过异性交往，双方均可从对方那里取长补短，以促进自己的智力水平和学习、工作效率的提高。

但是，青春期的我们毕竟处于一个较为特殊的人生阶段。一个人的价值观、世界观基本上是在这一阶段成熟起来的。在此阶段，人的身心发育还不够完善，情感认识还不够理性，情绪掌控还不够稳定，很容易因为一时冲动而酿下苦果。那么，刚刚步入花季雨季的少女应该怎么做呢？

1. 与异性交往，很重要的一点是互相尊重和理解。

男女之间在气质、性格、身体、爱好等方面往往有着较大差异，只有彼此互相尊重和理解，异性友谊才能维持和发展。同时，不论男女，在交往过程中都不要过于随便。真正的异性朋友，自然可以堂堂正正地来往和接触。但毕竟有性别差异摆在那里，一举一动都要大方得体，不能过于随便，否则，可能会伤害彼此和身边的其他人，有损牢固的友谊。

2. 在交往的过程中要注意交往场所的选择。

异性朋友单独相处时，要注意选择合适的场所，尽量不要在偏僻、昏暗处长谈。如果在房间里单独谈话，不要紧闭门窗，以免引起不必要的误会。

3. 当然，在与异性交往时，特别重要的一点是要分清友谊与爱情的界限。友谊和爱情之间既有联系又有区别。人与人之间的爱情关系和友谊关系都是以彼此之间相互欣赏为基础的。友谊和爱情两者之间有严格的区别。

首先是内涵不同。友谊是同学或朋友间的一种平等的、诚挚的、亲密的、互相依赖的关系。而爱情是一对男女之间渴望对方成为自己终身伴侣的关系。

其次是对象不同。友谊是广泛的交往，而爱情是在一对男女之间发生的。友谊可以通四海，朋友可以遍天下，人们可以和各种对象发展友谊。而爱情是男女之间的隐私之情，只能是真挚专一、忠贞不贰，如果有第三者加入，便会产生嫉妒心理和排除异己的行为。

再次是要求不同。在友谊关系中，对方主要承担道德义务。而在爱情关系中，不仅要承担道德义务，还要承担法律责任，尤其是在双方缔结婚姻关系后。

异性朋友一定要注意，不要模糊两者的界限，否则，不但会失去友谊，还会失去爱情。因此，与异性交往，要学会正确利用奇妙的"异性效应"，学会彼此欣赏和相互学习，同时要尽量把握好交往的尺度，让自己身边多一些朋友。

致青春期女孩：心理篇

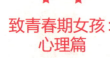

女生真的不如男生吗？

在班上，男生虽然喜欢打闹，但是他们学习起来好像很轻松，只要男生好好学习一段时间，成绩总是进步很大。我觉得男生天生就比女生会学习，而且男生还有一个本领，就是数学学得特别好，我也听老师讲过，说男生学习理科比女生有天赋。

天赋这东西，就不是通过努力能解决的。我问妈妈："我为何数学怎么学都学不好呢？是不是女生真的不如男生有天赋呢？"

两个人的悄悄话：

妈妈听到我的话，很吃惊地说："熙熙，你怎么能有这种想法呢？"

妈妈告诉我，女生在智力上和男生是没有本质上的区别的。

很多事情证明，女生和男生一样，都十分优秀。

妈妈还告诉我，真正聪明的人是谦虚好学的人，而不是骄傲的，总是一副居高临下、不可一世的人。

人聪明与否，不是性别决定的。大家表现得不一样，大多是因为各自的兴趣不一样，从事的工作领域不一样，所以取得的成就也肯定不一样。这和是男生还是女生是没有什么关系的。

最后，妈妈鼓励我，数学也是一门功课，只要学会了规则，掌握了学习方法，就能学好。男生学得快，并不能由此证明男生比女生聪明。只要掌握了科学的学习方法，找到最适合自己的方法，并下功夫学习，就没有什么学不会的，也没有什么不能学好的。妈妈让我不要失去信心，她说我现在还没有掌握最好的方法，等找到适合自己的方法，相信我也能学好数学。

致青春期女孩：
心理篇

我该怎样跟
男孩子相处？

　　自从上了初中，我和男孩的交往开始变得小心翼翼起来，有时候一说话就脸红，而且语气不自觉地也娇气了许多。"熙熙，你的作业本呢？没有交？"课代表过来问我。我看了他一眼，温柔地笑了一下："不好意思啊……嗯……"课代表大概是着急往老师那里送："你到底带没带啊？什么时候能给我？"我轻轻地说着："嗯……你等等，让我找一下。"说着，脸居然红了。"快点，快点，还有五分钟就要打铃了。"课代表实在着急了。我慢慢地在书包里翻了半天，结果什么也没有找到："我好像没有带……""哎呀，明天带过来吧。"课代表说完之后，一溜烟地直奔老师办公室。我觉得和男孩的交往越来越拘束了。

　　相比之下，菲菲却和男孩在一起玩得很好。因为菲菲总表现得很自然，所以不会像我那样让人感觉不自在，菲菲在男生那边的口碑也不错，他们有事情都爱找菲菲帮忙，比如说，篮球场上缺少一个替补队员。

"嘿嘿，菲菲，你比较合适，再没有合适的人选了，你上吧。""好啊，没问题。"菲菲大大咧咧，看上去很可爱。看来，大大方方跟男孩子交往的女生，似乎更让男生喜欢。

两个人的悄悄话：

妈妈告诉我，青春期是一个人一生中最美好的时光，但也是比较危险的时期。因此，有人说："青春期是花团锦簇的沼泽地。"青春期的美好自然无须多言，青春期的危险在于这一时期身心的巨大变化，这种变化对一个人的影响是巨大的，甚至直接决定着一个人以后的价值观、人生观和世界观。因此，我们所说的健康必须是"身体和心理的健康"。

这其中，男女生的交往是必须面对的问题。尤其是对女孩子来说，如果把握不好尺度，很可能带来很多的烦恼和困扰，甚至对身心造成伤害。

毫无经验的少男少女成功地开启一段友谊是困难的。因此，与男生交往，女孩要本着"亲密有间"的原则，学会把握一个"度"。

1. 对所有异性一视同仁。

作为女生，在和男生交往时要一视同仁，也就是尽可能地和所有的男生保持同等的距离，而不是过分地与某一个男同学接触。这样做，男孩子会看到你的自尊自爱，同时也避免了一些不怀好意的接近。当然，由于学习或者其他原因，偶尔与某个男同学接触得较多一些，也没有关系。

2. 坦然面对、大方公开。

虽然男女有别，虽然生理上的变化使女孩面对男孩时不再像小时候那样无所顾忌，但是，大家都需要正常的交往。这种交往是光明正大的，不需要偷偷摸摸、忸忸怩怩。事情往往就是这样，你越是遮遮掩掩，越容易被人怀疑，你大大方方地把自己的行为展现在众人面前，让大家都看到了，也表明了你的光明磊落，自然也就消除了怀疑和误会的祸根。因此，与男生交往时，必须公开坦然，避免客观上造成一些不必要的后果。

致青春期女孩：心理篇

和男生交往，我总是不自觉地恐惧

第八章 和男生之间的那点事儿

上初二时，由于不经意地多看了同一排的男生几眼，就经常被同班同学嘲笑，大家说我想和那名男同学谈恋爱。为了避免同学们的闲言碎语，我就尽量让自己不再看那个男同学。但到了初三，我发现自己几乎不敢看身边的任何一名男生了，甚至有时面对女生时，我也不敢抬头、不敢说话了，心里总是很紧张。遇到陌生人，这种情况会更严重，经常会令我面红耳赤。我真觉得：世界上最难打交道的就是人。

两个人的悄悄话：

妈妈告诉我，一项关于中学生心理健康状况的调查资料显示：目前中学生的心理问题较为常见，其中尤以女生的心理问题较为明显。

女孩子渴望得到异性的注意、欣赏、爱慕，但是却易产生惶恐不安的情绪，并且在人前表现得羞涩、腼腆。这种情绪会蔓延到整个的人际交往中，即使是与身边很熟悉的人交往，她们也会表现出躲避的状态。

很多孩子不愿和父母一起出去玩，不愿和父母谈心里话，对父母的教育显得很不耐烦，经常把自己关在房间里，写日记、发呆，自己的东西不允许大人动，性格好像变得孤僻了……那么，这到底是怎么回事？

其实，这些孩子都患上了"青春期社交恐惧症"。

很显然，这种症状多发于青春期，在生理上，常表现为在与人交往时极易脸红心跳、过度紧张、手脚冰凉，严重时会发生昏厥；在心理上，常表现为主观上感到别人都在盯着自己、看到了自己的紧张表现、还在心里嘲笑自己，同时，她们的心里会产生一种逃避心理，在公共场合，尽量逃到不会被人注意到的角落，而且尽量不发言，来减轻自己的紧张状况。

青春期社交恐惧症对青春期孩子的影响是很大的，严重时，生活、学习以及身心健康都会受到牵连。

之所以出现这种症状，是因为随着青春期的发育，青春期孩子的独立心理开始逐渐成熟，自我意识加强，更在意别人对自己的评价和看法，太在意的结果就是对此产生恐惧心理，干脆选择逃避。得此症者以性格内向者居多。

另外，父母的过度保护或不断指责，也容易使孩子的自我评

致青春期女孩：
心理篇

价降低，从而引发社交恐惧。

值得庆幸的是，社交恐惧症是后天形成的，并非无法改善。既然后天可以改变，那么，只要学会积极的自我暗示，学会人际交往的技巧，树立自信，那么，社交能力也就不会成为困扰，更不会影响到以后的发展。

1. 调整好自己的心态，树立良好的观念，不要对自己要求过高，不要太在意自己的身体反应，平和地面对与他人的交往。

2. 多看一些关于人际交往和口才技巧方面的杂志和书籍，多学习别人的人际交往的经验，提高自己的交际能力，这样，有助于自己树立起与他人交往的信心。

3. 青春期的孩子遇到问题可以向自己信任的人倾诉，不要让某些问题长期困扰自己。同时，还要积极参加集体活动，在集体的温暖中放松心境，也可通过写日记的方式倾吐、宣泄情感。

第九章

青春期，这些躲不开的烦恼

心情不好？是的。心情不好怎么解？俗话说："解铃还须系铃人。"找到心烦的"根"，拔掉它，自然就铲除了坏心情的"生存土壤"。这样，烦心事就彻底被清走了。

有同学在背后说我的坏话

菲菲一直是我的好朋友，可是最近，每次我找她玩的时候，她总是找故推开。

今天放学，我看菲菲和小楠在一起走，我想追上她们，在我悄悄靠近她们的时候，我听到小楠对菲菲说："菲菲，你怎么还跟熙熙在一起玩？你没听说吗？上次她跟老师打小报告，说咱们班都谁不好好上自习，咱们全班同学都知道了，我看，除了你还跟她说话，大家都不理她了。"

我听到这里，已经要被气死了，菲菲后来说了什么，我也没听清。

事情并不像小楠说的这样，事实是小楠在自习课上说话，我告诉她不要再说了，这样会影响周围的同学，如果再说，我就告诉老师。其实，我并没有告诉老师啊。

小楠这样说，真的让我很伤心。

回到家，我越想越生气，一个人躲在房间呜呜地哭了起来。妈妈下班回家，看见我这样，赶紧来到我房间，我告诉妈妈我的委屈，也很生气小楠在背后说我坏话。我不知道该怎么办，我明天是不是要去学校找她理论呢？

两个人的悄悄话：

妈妈听完我的话，笑着对我说："熙熙，这件事情现在对你伤害很大，可是，妈妈想说的是，这样的事情，你以后也会遇到的，何必要这样耿耿于怀呢？"

看到妈妈一点都不紧张，我也渐渐放松下来。

妈妈接着说："好话不背人，背人没好话。如果有同学在后面议论你的话，你要做的是首先要反省自己，如果确定自己确实没有做错的话，大可不必担心，凡事只要正大光明就好。

"对于你同学的那些行为，你大可不必为此劳心费神，更不必大动干戈，妈妈给你提些意见，相信会对你有帮助。"

下面几点就是妈妈给我的建议：

1. 敬而远之，泰然处之。

如果你觉得从没有招惹他们，自己也是于心无愧的话，那就是他人的问题了。其实在生活中，这种人大有人在，他们喜欢有意拿人讥笑，求得自己的欢乐，这种人不值得交往，那就对他们敬而远之。他们有议论的自由，那么我们也有不听的自由，对他们背后的坏话，大可不必斤斤计较，或是费心去打听。他们在背后议论是非，有损的是他们的形象，与我们无关。

要知道，没有一个人是可以通过贬低别人能够抬高自己的，你只要泰然处之、安心学业，对这样的人不去理会，时间长了，他们自己就会觉得没趣，而你呢，却丝毫不受影响。更关键的是，同学都看在眼里，记在心上，说不定到那时，你的威望还会提高呢。

2.公开说话，以求心理平衡。

如果你自己觉得有被人议论的话题，或是得罪了某人，就应该主动和他们去沟通，诚心诚意地去征求他们对你的看法，有话当面说，隔阂一定可以消除，除非他们进行人身攻击，有意中伤，甚至触犯了法律，那就另当别论了。如果是你自己有做的不周到的地方，那么要先把自己的缺点改掉，改得越快越彻底越好，他们就没有在背后议论的素材了。总之，自己要把握好的是：不看别人做得对不对，先要看自己做得对不对。

3.保持一点洒脱和达观。

一个巴掌拍不响，只要你不去拍另一个巴掌，洒脱一点，矛盾就不会被激化。生活中碰到的厌烦事常常有，问题是如何来面对它们，最好的方法是在清醒中求快活，去解除无可奈何的烦恼，我们既不求能糊里糊涂地浪费时光，也不必对一切事物都过分认真苛求，最好的态度是在认真严肃的一面之外，仍要有洒脱达观的一面。

最后妈妈说："熙熙，一个肯向上的人，有崇高理想的人，

致青春期女孩：
心理篇

是不会把时间浪费在这些鸡毛蒜皮的小事上的,对于你现在的处境,妈妈希望你不要往心里去。对别人的非议,宁肯不屑一顾,也绝不肯轻易浪费自己宝贵的时间和精力去斤斤计较,这才是真正的聪明之举。'走自己的路,让别人说去吧!'这句话,你一定听说过吧。"

第九章 青春期,这些躲不开的烦恼

被同学嘲笑

致青春期女孩：心理篇

今天教室的气氛有点奇怪。我一到教室，就看见天天一个人在哭。到底有什么事情呢？

我小声地问菲菲到底发生了什么事。菲菲说，这次考试天天又没考好，成绩还是最差的，然后班里几个喜欢恶作剧的孩子在天天的背上贴上了"我又是第一"的纸条，全班同学看到了，直接就笑得不行了。天天开始还跟着大家哈哈地傻笑，后来才知道大家是在笑他。

天天本来学习就不好，老被爸爸妈妈骂，这次又没考好，他已经很难过了，可是同学们还这样嘲笑他，他才忍不住哭了。

看着天天难过的样子，我真替他担心，害怕他以后对学习更抵触了。我想帮助他，可是，我不知道该用什么办法帮助他。

两个人的悄悄话：

当我把这件事情告诉妈妈以后，妈妈告诉我，其实每个人都有他的优点和缺点，像班上那些同学这样对待天天，可是天天却没有反击，而是宽容地对待大家，这本来就是很难得的优点。也许是因为天天觉得自己的成绩差，所以别人嘲笑他，他就很伤心，其实大可不必这样。

一个人，最重要的是首先自己不能看不起自己，更不能自卑，要先找到自己的优点，还有，要正确对待自己的缺点。成绩对于学生来说固然重要，但也不是说成绩就可以说明一切，比如说一个人的品德、能力、素质，等等，不可能单凭成绩就衡量一个人如何如何。像班上那些欺负天天的同学，成绩虽然比较好，但是能说他们是品德高尚的人吗？

当周围的人都比自己强的时候，有人可能会感受到有压力，觉得别人怎么都这样厉害，觉得自己很孤独，好像是被抛弃了，其实大可不必这样想，因为每个人都有无限的潜力，只要通过自己的努力，成绩一定会有所提高。

妈妈还告诉我，以前在妈妈的班上就有一个女同学，起初她的学习成绩特别不好，但她的上进心很强，就放弃了很多玩耍的时间，每天在家里暗自努力，最后考上了重点学校。所以首先要对自己有信心，加上付出的努力，才会让人对你刮目相看。

还有，人生中遇到什么样的挫折都是有可能的，当遇到困难的时候，如果用逃避来解决问题，这一定是最愚蠢的做法。最重要的是不自暴自弃，也不要轻易否定自己，比如嘲笑天天的那些同学，他们的素质真的是特别低，又爱嘲笑人，又爱欺负人，这样的人也不值得去交朋友，所以，天天没有必要因为他们而对生活失去信心，在我们周围，还是有很多人关心我们的。

妈妈的话让我知道了该怎样去和天天谈一谈。我觉得，我有义务这样做。

致青春期女孩：心理篇

老师偷看我的手机

第九章 青春期，这些躲不开的烦恼

自从上了中学，妈妈就给我配了手机。有了手机，和同学朋友们的联系就多了。假期我去姥姥家，认识了一个和我年纪相仿的男生，他叫小谷。是个很优秀的男孩，学习非常好，奥数也特别棒，因此，有了不会的题，我就经常发微信或者短信问他。

有一次，在自习课上，我忘了关机，小谷发了个微信过来。讲了一道特别有意思的奥数题。我当时作业已经做完了，就忍不住拿出手机看了起来。

那道题很有意思，我和同学们一起商量着做完了，我正在微信上写答案的时候，老师进来发现了我。老师来到我桌前，直接拿走了我的手机，直接就看起了我和朋友的聊天记录。

看完我的微信，老师把我叫到教室，详细问了我平时聊天比较多的几个朋友的情况，还特别问了小谷的情况。最后老师说让我少用手机，多和班里的同学们交往。

老师这样做，真的让我很生气，那都是我的隐私，他那么做，是侵犯了我的隐私。从那以后，这个老师的课我特别抵触，特别不喜欢，我的成绩也每况愈下，妈妈看我这样，很着急。

两个人的悄悄话：

我把事情的经过都告诉了妈妈。妈妈知道了来龙去脉，对我说："这件事确实不怨你，不过妈妈希望你能和从前一样尊敬自己的老师，好吗？作为一名老师，窥探一个学生的隐私，确实是不对的，但是究其原因，这样做大多是出于无奈，无奈的后面也是对你的关心。因为青少年正处于与同学、同龄人之间发生横向联系的年龄，由纵向年龄到横向年龄的发展是人生中心理发展的正常阶段，也是人长大走向成熟所不可少的。老师也是由于了解到了这个特点，所以才会为你们而担心。由于像你们现在这个年龄的青少年思想活跃，很想独立处理一些问题，但又不免有天真幼稚的一面。横向交友是必要的，但有时把握不好分寸，会出现一些不正常的倾向，比如，和社会上不三不四的人或外校不太好的学生建立联系，甚至形成团伙，或者是在校外交了异性朋友，经常有书信往来，耽误了学习，等等。老师们抱怨同学在交友方面出现偏差，影响品德和学习，这种关心和担心是十分必要的，也是老师对学生负责的表现。"

妈妈又对我说："熙熙，你是个善解人意的孩子，相信你可

致青春期女孩：
心理篇

以理解老师的良苦用心，希望你能够对老师的良苦用心予以谅解。"后来，妈妈还告诉我，要想完满地解决这个问题，可以用下面的几种方法：

1. 开门见山、直截了当地向老师提出意见，指出这种做法是不对的，不希望老师这样做。

但要注意的是，首先应说明理解老师的心情，理解老师只是采取的方法不好，在谅解的基础上善意地提出意见，这样，老师是会接受的。

2. 可以有意识地主动接近老师，常和老师交流自己的想法，使老师能了解你的思想动向。

3. 从思想上、行动上严格要求自己，树立正确的交友观。

把主要的精力放在学习上，以行动让老师放心，这才是最根本的。

不管怎么说，老师私自拆学生的信、看学生的信都是错误的，是侵权行为，是不容许的。但我们要从实际出发，具体问题具体分析，要在理解的基础上解决好这个问题。

听完妈妈的话，我终于放下了对老师的成见，我觉得，我应该找老师好好谈谈。

第九章 青春期，这些躲不开的烦恼

致青春期女孩：
心理篇

不小心顶撞了老师

第一节课就是数学考试，拿到试卷，我就开始认真地做了起来。考试还算顺利，不一会儿，我就做完了。在我检查答案的时候，菲菲轻轻地碰了碰我，我知道她什么意思，但是我并没有回应她。菲菲没有放弃，她偷偷地往我这边瞥。

我并没有故意给她看，可是，数学老师走过来，拿起我们俩的试卷，让我们俩先出去，然后课间去他办公室。

到了办公室，数学老师就说这次数学考试的成绩作废，然后说我们要再作弊，还有更严厉的惩罚措施。

我觉得我并没有错，就忍不住顶撞了老师几句。数学老师一听更生气了，直接把我们俩扣留下来，说让我们俩好好反省反省。后来还找来班主任老师，班主任老师让我们写检查。

两个人的悄悄话：

回家以后，我赌气不吃饭，闷在房间写检查，妈妈看我这么不高兴，知道一定发生了什么。她问我，我什么都没说，妈妈就给班主任老师打了个电话，才知道了今天发生的事情。

妈妈并没有责怪我，她说，她知道我一定是被冤枉的，因为她看到我努力地复习，我没有抄袭的理由。

然后妈妈说，如果在学校里老师和同学的关系处理不好，直接会影响一个学生的生活和学习，发展下去，还会影响身心健康。她希望我能在学校里跟老师搞好关系。

妈妈又说，谁都可能犯错误。老师也是人，也会犯错；老师也是有感情的，当然也喜欢相处和谐的人，不喜欢同自己闹别扭的人，即使是自己的学生，也不例外。

后来妈妈告诉我，如果在学校里想处理好与老师的关系，要考虑下面几个方面：

1. 学生要懂得尊敬老师。

师生关系是教育与被教育的关系。老师是教育者，又是长者，阅历丰富，学有所成。而学生则是被教育者，年龄小、阅历浅，许多事情不懂不会。虽然我们常说，老师学生是平等的，无高下之分，但这主要是指在人格方面。在学识、职位和年龄方面，老师就是老师，学生就是学生。我国历来都有尊师的好传统，如"一日为师，终身为父""师徒如父子"，等等，这些名言都在讲尊师的重要性。把师生关系说成是父子关系，就是要一个学生要像尊敬自己的父亲那样尊敬自己的老师。试想想，如果在学生的眼中，作为老师一点尊严都没有，他能教育好自己的学生吗？反过来说，做学生的，要向老师学习知识，却不虚心，甚至全不把老师放在眼里，那学生又能学到什么呢？所以，作为学生，一定要对自己的老师有恭敬的心，才能虚心受教。

2. 要了解你的老师。

人们常说"千人有千脾气"。老师也不例外，也有自己的生活习惯、工作习惯、业余爱好、待人方法、喜怒哀乐等。了解了老师的这些特点，你才有可能准确地把握老师对你的态度、意见或是对事物的看法，不至于产生误解，甚至费力不讨好。有了老师很严厉，批评起来如疾风骤雨，过后就云开见青天，对于这种老师的批评，就不要太介意，做错了，只要改了便是，没有必要搞得自己心情沉重；而有的老师批评人很含蓄，语言委婉，甚至寓批评于故事之中，这也并不说明他对你意见不大。有的老师性格粗放，不拘小节，那你只要大事不糊涂就好了；有的老师管理细致，你就要一丝不苟，认真仔细。总之，要因人而异。

3. 要善待老师的缺点。

老师并不是圣人，也不是完人，老师也有自己的缺点，对此要有分析，区别对待。如果老师的缺点与工作无关，则没有必要去管它；如果有碍工作，可以适当提醒。老师之所以误认为你做错了事，一是工作不细心，二是有可能与你有类似缺点有关。何况你的强硬态度使老师下不来台，难免把关系弄僵。

4. 要以诚对待。

作为学生，应该真心实意地尊敬老师，对老师讲实话，维护老师的威信。这样，老师才能做出正确的决策。有时对老师进行一些适当的赞扬，会使他增加信心，对班级工作有好处。这与为谋私利的阿谀奉迎不是一回事儿。

所有的老师都希望自己的学生早日成才，即使最严厉的老师，也有一颗善良的心，天下没有一个老师不希望自己的学生能够取得好的成绩。与老师相处有不快的时候，要学会"换位思考"，假若我是老师，我会怎样？这样很多不快就会烟消云散。师生感情是世界上最纯洁的感情。而且，如果你能够结识并深交一位品德高尚、学识渊博的老师，对你一生将大有裨益。尊重老师，就是尊重知识，也是尊重你的未来。

最后妈妈又说："我建议你主动与老师谈心，承认顶撞老师是不对的，请求老师的谅解，并说明真相，消除误会，把你心上的石头放下来。这样，你就会放下思想包袱，满怀信心地去迎接明天的太阳。"

第九章 青春期，这些躲不开的烦恼

致青春期女孩：
心理篇

不喜欢的老师讲课，就是听不进去

自从有了物理课，我也不知道是对物理天然过敏，还是对物理知识不感冒，总之，物理课上，我能听进去的时候很少，大部分时间都在"神游"。

后来我仔细分析了一下，原因出在物理老师身上。

物理老师特别像我小学时候的教务处主任，而那个教务处主任却是我的一个"克星"。每次我迟到，肯定会被他抓住，有次被他抓住了，他把我叫到教务处，然后让班主任领我回去，为此我被班主任狠批一顿，从那以后，我就特别烦教务处主任。

物理老师和那个教务处主任太像了——大大的黑框眼镜，梳得整整齐齐的偏分的头发，还有手里那个黑色的公文包都一模一样。

虽然物理老师并没有伤害过我，但是看到他，我就很自然地把他屏蔽了，这让我怎么办呢？

两个人的悄悄话：

妈妈说："熙熙，其实你对物理并不反感，而是因为物理老师太像原来的教务处主任了，所以才让你觉得这么不喜欢物理老师。可是熙熙，因为不喜欢物理老师，就不好好上物理课，这样下去，你的物理怎么能学好呢？

"熙熙，每个人在漫长的求学生涯中都会遇到这样或那样的老师，他们的性格气质、为人处事方式、教学的风格等不可能是每个学生都喜欢的，因此，大家都可能遇到自己不喜欢的老师。但是，怎样才能不让这种对老师的不喜欢不影响到自己的学业呢？

"妈妈要你记住一句话：永远想到绝大多数的老师是一心一意为学生好的。没有哪个老师希望自己被学生讨厌，也没有哪个老师不希望自己的所有学生都能学好自己教的课程。记住：没有哪个老师会特意去为难你。

"不要去讨厌你的老师，这没有什么用，到最后只会影响自己的学习，除此之外，没有任何别的用处。老师不会因为你的不喜欢而不在学校继续工作，他会每月领同样的工资和奖金。

"你可以想想老师的好：比如，老师十分辛苦，每次都认真备课，课后看全班同学的作业，批改试卷，找出大家不懂的地方，重点讲解……

"如果这样还是不行,那么,你不要注意老师,只要是你喜欢的课,就要认真地去学习。

"因为学习的好坏,最终还是取决于你自己,而不是老师。

"如果因为不喜欢一个老师,就放弃一门课程的学习,熙熙,到最后吃亏的是谁呢?"

是啊,这个问题我要好好想一想了。

致青春期女孩:
心理篇

借出去的钱要不要？

第九章 青春期，这些躲不开的烦恼

我们临时要交考试资料的钱，每个同学50元钱。妈妈给了我100元钱，除了交给老师的50元钱，剩下的是我一周的零花钱。我交完钱后刚回到座位上。豆豆就过来问我有没有多余的钱，她说她忘记带钱了，我很爽快地就把剩下的50元钱借给了她。

过了一个星期之后，豆豆依然没有把钱还给我，我嘴上没说什么，可是心里却想："为什么她还不把钱还给我呢？是不是忘了呢？"

如果她真的是忘了呢，那我就要损失50元钱；可如果万一是她有其他的难处，不好开口怎么办？如果我催得太急了，也不合适啊。

这件事让我左右为难。一方面是我自己的零花钱，另一方面是同学的情谊。回到家，我把这件事告诉了妈妈，妈妈却对我说："熙熙，你说金钱和友谊，哪一个更重要？"

致青春期女孩：
心理篇

"当然是友谊重要。"我不假思索地回答。

"是啊，钱如果没有了，将来还可以再赚，可如果失去了友谊，你怎样才能补偿？"

妈妈的话点醒了我。是啊，不过是吃一点亏，何必斤斤计较呢？妈妈接着说道："即便那位同学真的是有意为之，我们也可以置之不理。因为凡事心安理得，我们问心无愧就好，而对他人，不必苛责太多，可以今后不再借给她钱。"嗯！我明白了妈妈的意思，在金钱和情谊中做选择，我一定毫不犹豫地选择后者。

两个人的悄悄话：

妈妈告诉我，一个肯吃亏的人并不是痴人，而是有高度智慧的人。吃亏是福。

在我国东汉时期，有一个名叫甄宇的太学博士，他为人忠厚，遇事懂得谦让，周围的人都特别敬佩他。

有一年临近除夕，皇上赏赐给群臣每人一只外番进贡的活羊。具体分配时，负责人为难了：因为这批羊有大有小，而且肥瘦不均，很难做到公平分配。于是，大臣们纷纷献策：

有人主张抓阄分羊，结果全凭运气，不得抱怨；

有人主张把羊通通杀掉，肥瘦搭配着分配；

……

于是朝堂上像炸开了锅，人们七嘴八舌地争论不休。这时，甄宇说话了："分只羊有这么费劲吗？我看大伙儿随便牵一只羊走算了。"说完，他率先将最瘦小的一只羊牵走了。紧接着，众大臣纷纷效仿，这群羊很快就被分配完了，而且每个人都高高兴兴的。

此事很快传到光武帝耳中，甄宇得了"瘦羊博士"的美誉，称颂于朝野内外。不久，他在群臣的推举下，被朝廷提拔为太学博士院院长。

甄宇主动牵走了小羊，从表面上看，他吃了亏，实际上他却占了大便宜。他因为"吃亏"而得到了群臣的拥戴以及皇上的器重，从而使自己获得了升官的机会。吃小亏占大便宜，说的就是这个道理。

郑板桥也深谙这个道理，因此，他在为人处世上也能够做到游刃有余。

他做知县时，就写过"吃亏是福"的条幅。相传他的叔叔因一宅墙要与邻居打官司时找他帮忙，他却说"让他一墙又何妨"。叔父听了他的劝告，也觉得即使赢了官司也会伤害邻里感情，便放弃了告状的念头。后来，这位板桥先生因"开仓济民"的思想，得罪了好多官员，被罢了官，只好以卖画为生，但老百姓都喜欢买他的画，他吃了"亏"，却因此更受到世人的尊敬爱戴。

上面两个故事能够给我们很多启发：有时候，最喜欢占便宜的人，未必到最后也饱尝硕果，倒是最先吃亏的人会占到最后的大便宜。吃亏也是一种福，聪明的人往往运用这种福祉为自己赢得更多的利益。他们退一步，是为了更好地向前走十步，甚至一百步！

妈妈最后又告诉我，刚刚步入青春期，我们这些争强好胜的孩子要明白，人生在世，学会智慧地吃亏，这会让我们成熟很多，也会收获更多。

妈妈的话让我豁然开朗，是啊，大度一些，不也挺好吗？

致青春期女孩：
心理篇

非常在意别人对自己的看法

第九章 青春期，这些躲不开的烦恼

放学回家以后，我就把自己关在房间里不出来。妈妈喊我吃饭，喊了两遍，我也没有出去，我听见爸爸小声地和妈妈说，我一定发生了什么，让妈妈过来我房间看看我。

听到妈妈开门的声音，我把自己的头埋进被子里。

"又是一副鸵鸟的样子，熙熙，发生什么事情了？"

我听到妈妈的话，并没有反应，妈妈看到书桌上的纸条，才明白怎么回事。

熙熙的优点：开朗、喜欢笑，对同学很友善；勤奋好学，而且也刻苦努力；团结同学，从不会和同学吵架或闹别扭。

熙熙的缺点：学习成绩不稳定，忽高忽低；对同学不够一视同仁；不能积极、主动、热情地帮助同学；有时打扫卫生不认真。

"原来是这个纸条闹的啊。这有什么啊？至于不吃饭吗？"

致青春期女孩：心理篇

听到妈妈这么说，我腾地就坐了起来。

"妈妈，你没看见别人写了我那么多缺点吗？"

"熙熙，如果你觉得别人对你的评价是对的，就应该虚心接受，即便你觉得他们说得不对，也要好好反思自己，是什么原因造成别人对自己的这种印象，这样想的话，才不会辜负同学给你提的这些意见，对吗？"

"嗯。可是，妈妈，我真没觉得自己那么差劲啊。"

"缺点是人人都会有的，不要因为别人的评价而丧失了自信，那损失就大了。"妈妈笑着对我说。

"熙熙，咱们先去吃饭，吃完饭，再探讨这个问题。"

听妈妈这么说，我很不情愿地和妈妈一起去客厅吃饭。

两个人的悄悄话：

吃完饭，妈妈让爸爸收拾洗碗，我们俩就手拉手去散步，在路上，妈妈告诉我，在生活中，一个缺乏信心的人，就如同一根受了潮的火柴，是不可能擦亮希望的火光的。在生活中，才能并不出众、表现平平、安分守己的人占大多数，但平凡不等于平庸，连古人都说"天生我材必有用"，难道我们就那么在乎别人的眼光，只能坐以待毙，等待别人的评价吗？

无论一个人多么聪明，多么有才华，如果他对自己的聪明才智不能给予肯定，没有一点自信，那么他实际上什么都没有，只不过是一个摆设而已。

任何一个成功的人都对自己的能力、实力等有一个准确的定位，他会对自己所具备的能力非常自信，也有足够的能力说服自己、认可自己。

天底下最难的事莫过于驾驭自己，这绝对是个很大的挑战，怎样才能不虚度一生呢？怎样才能知道自己选择了合适的职业或恰当的目标呢？与其让双亲、老师、朋友或经济学家为我们制定长远规划，还不如自己来了解一下我们"擅长"做什么。

明确了目标后，就要行动，但行动也不可能是一帆风顺的，所以，我们要学会适应，就是把困难作为正常的东西加以接受。生活中的逆境和失败，如果我们把它们作为正常的反馈来看待，就会帮助我们增强免疫力，抵御那些有害的、具有负面影响的反应。

其实，驾驭自己最重要的是，要有勇气、有自信改变自己的命运。

种瓜得瓜，种豆得豆，我们所得的报酬取决于我们所作的贡献。

从现在开始，把命运掌控在自己的手中吧，做自己的主宰，用自己的奋斗营造自己的未来，这将是人生中最有意义、最有价值的一件事。

对于别人的评价，要听，但是不用特别在意。

被批评以后想不开

因为前一天晚上看电影,忘了写作业了,一大早,课代表就来收我们的作业了。可是,我没写……

我跟菲菲要她的作业,想拿过来抄一下。

"不可以,不可以,熙熙,我这次要是让你抄了,下次你还会犯错误。所以我不能给你。"菲菲说得很坚决,我没搭理她,转身去找楠楠。楠楠很爽快地就借给我了。原本需要做两个小时的算术题,我十分钟就都解决了。看着写好的作业,我长长地出了口气。

"熙熙,你这是自甘堕落。这次你抄袭成功,下次还会有侥幸心理不做作业,这样,有了一次两次,很容易就懈怠了。"

菲菲不帮忙也就算了,还说风凉话,我就闷不做声,我不想搭理她了。

两个人的悄悄话：

妈妈告诉我，俗话说得好，"良药苦口利于病，忠言逆耳利于行。"意思就是说，一味特别苦的药往往是最好的药，味道越苦的药，越是有利于治病。忠诚的话往往会不受听，但是却有利于修正自己不好的行为。别人的批评就是苦味的良药，我们千万不可以不以为然，而是要虚心地接受。对待别人的批评，不仅可以体现出一个人的胸怀，而且可以检验一个人处世的原则和综合素养。

一般而言，我们在对待别人的批评时会抱有三种态度：

第一种是抵触。这种抵触有的表现在思想上，有的表现在行动中。有的人在面对别人批评的时候看起来乖巧温顺、一言不发，其实他的内心可能很不服气，这种是表现在思想上的抵触，相对来讲不容易察觉。

第二种态度是听之任之。无论你是表扬也好，批评也好，总之，都与我无关，高兴的时候，就装装样子；不高兴的时候，就把一切都抛到九霄云外中去。你说你的，我做我的；你走你的阳关道，我走我的独木桥，这样的态度对自己的危害也不小，这种不端正的态度，很难有所作为。

第三种态度是把所有的批评都牢牢记在心里，并且心存感激，发奋学习，虚心待人，积极进取，如果一以贯之，将来一定大有作为。鲁迅先生在小的时候,因为给父亲抓药而上学迟到被抓到,受到了私塾先生的严厉批评,本来他有充分的理由为自己辩护,但是他却没有,只是默默地回到书桌旁,在书桌上刻下一个"早"字,并在心中种下一个坚定的信念。从此以后,他事事早成,终于成为享誉世界的一代文学家。

那么,在批评面前,我们到底属于哪一类人?我们应该如何正确地对待来自外界的各种批评呢?

苏联著名的平民教育家苏霍姆林斯基曾经在他的著作《怎样培养真正的人》中说过:"要学会感激人。当听到夸奖之后,要感谢人家,同时又要为你朝着人的完美方向前进而高兴;听到指责之后,也要感谢人家,因为他们在教你像人那样去生活。如果一个人只喜欢言不由衷的赞扬,而听不进别人中肯的批评,那么这个人终将一事无成。相反,如果一个人在听得进表扬的同时,又能非常愉快地接纳别人的批评,我敢肯定,这种人必定有着和别人不一样的胸怀和涵养,这种人日后必定会成就一番大事业。"很显然,苏霍姆林斯基对待批评的做法值得我们效仿。

致青春期女孩:
心理篇

输了怎么办？

这次考试成绩不理想，拿到成绩单的那一刻，大脑瞬间有点晕眩。这是我的成绩单吗？

先不说具体的科目，从前5名后退到20名，这让我怎么跟爸妈交代？

看看试卷，因为没审清题目、马虎大意丢掉的分比不会做失掉的分还要多。

看着试卷，我当时真的恨不得把试卷给撕了，那仿佛是一种屈辱。可是，我不能。

这次我输了，下次就不能再在同样的事情上犯错误。

当我把成绩单和改好的试卷都交给妈妈的时候，妈妈并没有指责我，她听完我的心里话以后，对我笑了笑，没再说什么。

晚上，妈妈来到我房间，又跟我聊了起来。

两个人的悄悄话：

妈妈给我讲了下面一大堆大道理，很是受用。

孙子曰："昔之善战者，先为不可胜，以待敌之可胜。不可胜在己，可胜在敌。"这说的是从前会打仗的人，先要造成不会被敌人打败的条件，再等待可以战胜敌人的机会。

孙子的话揭示了这样一个道理：不会被敌人战胜，主动权操在自己手中；能不能战胜敌人，却在于敌人。纵观古代的许多战例，大凡军队出征之前，定当部署守土之兵；军队行进之时，必先安排断后之将；两军交战之后，均须防备对方晚上劫营。照此做法，两军对垒之时，有可胜之机，则战而胜之，无取胜之便，也不会被敌人所乘而致落败。

人生也是这个道理，你若想在政界脱颖而出，必须言不逾矩，行不忤法，否则，授人以柄，难免前功尽弃，到时候，纵有高才奇志，也是枉然。你若想在商界崭露头角，便不能过度负债或违法经营，否则，或在商战之中落马，或在法纪面前翻车。即使做个靠薪水度日，凭手艺谋生的小百姓，也要洁身自好，不给人以可乘之机，以免惹下麻烦。学习上更是如此，如果你想遥遥领先，就必须善于掌握学习方法，不断地学习进取，以免被人迎头赶上。

"先为不败后求胜"，不仅是兵家保存自己、夺取胜利的谋略，同时也对人们求生存、图发展有着很好的指导意义。如果你想在学业上一帆风顺，便应经常寻找自己学习上容易出现失误的地方，并预加防范或及时补救，这样才能确保实现理想。

但如果在经过一番辛勤的努力之后，成功仍然无望，此时就该进行深刻的分析，看看是主观原因的影响还是客观条件的制约，并采取相应的对策摆脱困境。

"对症下药"与"另闯新路"，这是面对败局的两种截然不同的思维方式，前者立足于解决战术上的问题，后者着眼于纠正战略上的错误，面对败局，究竟应选择哪条路，这就全靠你的分析与判断。

想和失败过过招吗？那就必须认清失败，然后积极地寻找出路。不妨按照以下三个步骤进行：

1. 超前思考，变不利为有利。

大凡人们办事，一般都会碰到一些有利条件，也会遇见一些不利因素。此时，当事人便应超前思考，力争将不利因素转化为有利条件，为自己增添胜算。

例如《三国演义》里，诸葛亮与周瑜想火攻曹操水军，但冬季只有西北风而无东南风，深知天文知识的诸葛亮正是利用这一点麻痹曹操，他算定甲子日开始将刮三天东南大风。届时依计而行，结果火凭风势，风助火威，孙刘联军的一把大火便大破曹军于赤壁。

2. 稳步推进，积小胜为大胜。

办事应循序渐进，不可急于求成，只有稳步推进，积小胜为

第九章 青春期，这些躲不开的烦恼

大胜，成功才能有一个坚实的基础，才能避免倾覆之危险。

在曹、孙、刘三支力量的对比中，刘备虽处于劣势，但刘备在诸葛亮的辅佐下，先取荆州，以之为事业的起点，后取天府之国益州，以之作为事业的根本，进而西攻孟获等蛮荒之众，北掠陇西等战略要地，终于实力大增，在后来魏、蜀、吴三国鼎立之中，成为一支举足轻重的力量。

3. 精彩结尾，将理想变为现实。

千里行船，离码头虽仅一箭之遥，仍不算到达目的地；万言雄文，在结尾若有一句冗词，也称不上精彩文章。办事也是如此，如果前紧后松，草草收场，很可能胜券在握之事竟流于失败结局。我们办事必须像飞行员远航归来一样，只有完成最后一个制动动作，将飞机安然停在停机坪的预定位置上，才能算是完成一个精彩的起落。人们只有精神饱满、严肃认真地使事情精彩结尾，才算是真正将理想变为现实。

失败没什么，正确地、积极地看待失败，大方勇敢地过过招，做起事来并不难。

受到挫折之后

第九章 青春期，这些躲不开的烦恼

我最近的生活要多糟糕就有多糟糕。期中考试考砸了，家长会后，被爸爸狠狠地教训了一顿。挨了爸爸批评后的第二天，在学校组织的运动会上，我在跑步的时候又把脚扭了。全班因为我的失误少得了好多分。虽然没有同学责怪我，可是我很自责。最近倒霉事怎么都找上我了呢？真是好郁闷啊。

两个人的悄悄话：

妈妈见我不高兴，周末拉我去吃我最喜欢的比萨，妈妈还给我点了我特别喜欢的冰激凌，满满一桌好吃的，我的不高兴瞬间就少了好多。

妈妈见我吃得高兴，吃完逛街的时候，拉着我悄悄地说：

"熙熙，面对最近的挫折，希望你能够坦然地接受，过关了，以后才能承担更大的责任。有时候，挫折是慈悲的，如果你永远都不摔跤，那你也就永远也长不大。"

后来妈妈帮我支招，教给我正确对待挫折的方法。

我有一个苹果，你也有一个苹果，我们彼此交换，每人都还是有一个苹果。可是，你有一种思想，我有一种思想，我们彼此交换，每人就有两种思想。同样的道理，你有一份快乐，我有一份快乐，我们彼此交换，每人就会收获两份快乐。但是，当你把你的悲伤倾诉给另外的一个人，你就只有二分之一的悲伤。

所以，当我们遭受了挫折，而自己又不能够排遣的时候，我们可以试着将自己的挫折诉说给别人，让他们来替我们解开那个自己打不开的心结。倾诉的对象可以是父母、老师，也可以是同学或者其他好朋友。不要把挫折和悲伤埋藏在心中，否则，你只会变得越来越忧郁。

谁能没有烦恼呢？风来浪也白头，是说世间的万事万物都有烦恼。拿破仑曾经说过："人生的成功不是没有失败记录，而是能够百折不回。"所以失败并不可怕，因为是失败之后的态度和举动才真正决定你今后的一切。历史上清朝有名的大臣曾国藩，开始带领湘军镇压太平天国运动的时候，由于刚开始战略战术不好，经常被打得打败，有一次竟然全军覆没，曾国藩急得要跳河自尽。师爷急忙拉住他，同时，还建议把写给皇帝奏章上的"屡战屡败"写成"屡败屡战"，皇帝看到奏章之后，大大地嘉奖了曾国藩，曾国藩也从那个奏章上看到了希望，从此改变态度，打败了太平军，终于成为一代中兴重臣。你可以想一想，如果曾国藩当时无法接受挫折，一气之下就跳河了，历史还会记住他吗？所以说，对待挫折，要有一个正确的态度，正是我们刹那间的念头，左右或者是决定了我们的人生，面对挫折，勇敢地跳过去，人生将别有一番天地。

　　心里不痛快也不用死扛着，每个人都需要有个发泄的地方。据说在国外有一种专门的发泄馆，只要是人有了不高兴的事情，就能够跑去发泄，通过发泄来释放自己的苦恼，心情也就平静了。虽然现在在中国还没有类似的发泄馆，但我们也可以找到其他的方式来排解心中的不快，比如，可以做些重体力的运动，找一个没有人的地方，尽情地大吼几声。通过这样的发泄，心情就会快乐许多，这种自我发泄不失为一种好方法，它可以在不知不觉中将烦恼发泄得一干二净。当然，比如听听歌、跳跳舞等各种自己认为满意的方式，都是可以采用的。找自己认为恰当又不伤害他人的方法即可。

致青春期女孩：
心理篇

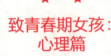

青春期的压力很大

　　这次的期末考试直接和分班相关。我很希望能进入重点班学习，而这，一切都是由考试成绩来决定的。想到这些，我就觉得心里特别慌。我想考好一点，可是又害怕成绩不理想。

　　虽然我很看重这次考试，可是越是紧张，越是进入不了状态；我想努力让自己安静下来好好复习，可是心里总是惦记着考试，考试的题目要是都是我不会的，一切不就都搞砸了吗？

　　妈妈看我的状态不对，晚饭后热了一杯牛奶来到我的房间。妈妈对我说："熙熙，你是在担心即将开始的考试吧？"

　　我点点头，愁眉苦脸地说："是呀，我很担心自己考不好。我现在非常紧张，要是这次考不好，把我分到不理想的班级，就糟糕了，压力好大啊！"

　　妈妈听我这样一说，把热热的牛奶递给我，然后鼓励我说："熙熙，这没有什么可害怕的，你只要把这次考试当作一次很普通的测验就好了，只要是尽自己最大的努力就行。我相信你能够发挥自己最大的水平，只要能够放下包袱，轻松上阵，以平常心来对待，一定可以发挥好的，知道吗？"

妈妈的话让我觉得踏实了很多，我暗暗地对自己说：这次考试，相信自己一定行。

两个人的悄悄话：

妈妈告诉我，每个人都有压力，来自学习的压力、生活的压力、社会的压力，把很多人都压得喘不过气来。如果不懂得排解压力，就会被压力压垮，妈妈告诉我，与其躲避，不如正面迎敌，后来，妈妈给我讲了一些战胜压力的方法。

1. 排解学习压力的方法。

（1）要找出压力的原因。导致学习上产生压力的因素是多种多样的，例如，学过的东西很快就忘，以至于怀疑自己"天生就不是学习的料"；上课时精力不集中，学习的时候则不自觉地陷入"白日梦"中；学过的知识像一堆到处乱放的砖石，无法条理化；考试成绩总是不理想，而"苦心人、天不负"的古习训在你身上却不起作用；听了别人很多的学习经验，看了很多介绍学习方法的书，但是学习成绩依然没有提高……

（2）用正确的心态去看待学习压力。当别人如鱼得水般轻松地在学海中遨游时，你却总是慢半拍，担心掉队的压力也就油然而生。如果你真的把压力看成压力，把烦恼当成烦恼，那么，你离掉队的时刻也就不远了。有的人会因为承受不了这种压力，便自暴自弃，终日沉浸在苦恼的深渊，结果成绩如坐滑梯一样，越滑越低。而有些人则在压力的推动下，更加积极向上，勤奋刻苦，最终硕果累累。

（3）带着愉快的心情去学习。真正的学习是快乐的，它不仅是指学有所获及学会某事的成就感，而且指学习过程本身是令人感到快乐的。

因此，你应该确立学习是快乐的信念，应带着喜悦的期盼开始学习，而在学习结束时，应该感到意犹未尽。快乐地学习能够使整个学习过程都变得津津有味，充满乐趣，让我们越学越想学，并乐此不疲。

（4）做到有规划地学习。没有规划，一团乱麻，连自己已经掌握了哪些、没掌握哪些都不能区分开来，这会导致大量的无效学习，并造成畏难情绪，进而生出种种烦恼。

如果在学习上能看到自己该学些什么，能学些什么，理出一条脉络来，才可能做到有规划。我们可以按照系统学习法画出系统树，这样，对知识点就能够一目了然了。

（5）不断给予自己肯定和鼓励。在学习时，要用目光盯住那些积极的东西，要能够看到自己的进步，并认为这就是自己的成功。

（6）注意劳逸结合。绝不能一天到晚泡在书堆里，那样只

致青春期女孩：心理篇

会让自己头昏脑涨，压力也会更大。

2.排解生活压力的方法。

（1）拥有一颗平常心。平静地看待身边之事，遇事不必大喜过望，也不要怨天尤人。人生中许多事都难以预料，你要做的就是以平常心待之，把握好每一天，才能迎来更美好的明天。人生最高的境界莫过于宠辱不惊，笑看庭前花开花落。

（2）多读好书，用知识开阔眼界。很多时候，我们觉得自己"苦"，是因为对自己"关心"太多，却不曾想到世界上有很多人可能比我们还"苦"。能成大事者，无一不是"吃得苦中苦，方为人上人"的。读书会让我们更理性地思考问题，在理性中成熟，在成熟中长大。

（3）学会冷静处事。冲动是做事的大敌，因为冲动，就会导致凭感觉去做事，其后果往往是很难预料的。

（4）"苦"时要挺住。在许巍《每一刻都是崭新的》文章里，有这样一段话："在最寂寞和不得不流泪的晚上，即使连自己都在笑自己傻时，依然拔出怀中的长剑，刺痛自己，提醒自己，勇往直前，直到现在。"

在这个世界上生存，就意味着要遇到种种不如意之事，不论是父母的不理解、误会，还是人际关系的紧张，抑或是考试的失败，甚至是面临种种"绝境"，所有的这些，都会带给我们"苦涩"的味道。但是，世界上"没有绝望的处境，只有绝望的人"，品味"苦"的时候要挺住，不能向命运低头，要与命运顽强抗争，如同在沙漠中长途跋涉，要耐得住干渴、饥饿之"苦"，才能迎来到达沙漠绿洲时的喜悦。

　　生活中充满苦，因此，要学会吃一点苦。吃苦不仅可以使自己增加生存经验，而且能使自己得到进步。